「認知治療」
自學／輔助手冊

駕馭焦慮

黃富強 孫玉傑 著

責任編輯 姚永康
封面設計 孫素玲
版式設計 劉桂洪

書　　名	**駕馭焦慮**——「認知治療」自學／輔助手冊
著　　者	黃富強　孫玉傑
出　　版	三聯書店（香港）有限公司
	香港北角英皇道 499 號北角工業大廈 20 樓
	Joint Publishing (H.K.) Co., Ltd.
	20/F., North Point Industrial Building,
	499 King's Road, North Point, Hong Kong
香港發行	香港聯合書刊物流有限公司
	香港新界荃灣德士古道 220-248 號 16 樓
印　　刷	美雅印刷製本有限公司
	香港九龍觀塘榮業街 6 號 4 樓 A 室
版　　次	2017 年 4 月香港第一版第一次印刷
	2022 年 5 月香港第一版第三次印刷
規　　格	特 16 開（152 × 228mm）240 面
國際書號	ISBN 978-962-04-4150-9

目 錄

序　　7

第一單元　導讀　　1

　　一　本手冊的讀者對象　　3

　　二　本手冊的主要功能　　3

　　三　本手冊的內容概要　　3

　　四　本手冊確能協助您處理現時的情況嗎？　　4

　　五　怎樣從本手冊中獲取最大益處？　　5

第二單元　焦慮何處來？　　7

　　一　焦慮症　　11

　　　　1. 泛焦慮症 (Generalized Anxiety Disorder)　　12

　　　　2. 社交焦慮症 (Social Phobia)　　12

　　二　您對焦慮症的認識有多少？　　13

　　　　1. 小測試　　13

　　　　2. 貝克焦慮量表（Beck Anxiety Inventory）　　15

　　　　3. 賴布維茲社交焦慮量表（Liebowitz Social Anxiety Scale）　　18

　　　　4. 焦慮症的成因　　22

　　　　5. 治療方法　　22

　　三　認知理論能準確辨析過度焦慮　　23

　　四　認知理論如何理解社交焦慮與思想、行為的關係　　24

　　五　本書作者的經驗談　　26

　　六　您的承諾　　27

第三單元　焦慮與思想反應、行為反應和身體反應的關係　29

一　如何分析焦慮的經驗？　32

1. 引發事件　32

2. 身體反應　33

3. 行為反應　36

4. 思想反應／負面思想　38

二　生活中有哪些處境令您產生焦慮？　42

三　焦慮情緒是如何產生和運作的？　46

負面思想與焦慮的關係　46

四　習作——負面思想與焦慮的關係　49

五　焦慮與日常生活壓力的關係　54

六　小結　55

第四單元　情緒起伏背後的因由　57

一　情緒溫度計　60

1. 您的情緒指數　60

2. 這刻的情緒指數　61

二　身心思維自我分析表　61

1. 阿健的「身心思維自我分析表」　62

2. 您的「身心思維自我分析表」　64

三　嘗試尋找自我放鬆的機會　65

1. 阿詩的「輕鬆行動表」　66

2. 您的「輕鬆行動表」　67

四　小結　68

五　補充資料　68

「情緒溫度計」知多一點點　68

第五單元　思想陷阱與情緒的關係　71

一　一周檢查　74

二　思想反應　74

三　思想陷阱　75

四　思想陷阱的類型　77

五　思想陷阱與情緒　84

　　阿詩的思想陷阱　85

六　習作——思想陷阱與情緒　87

　　1. 阿健記事簿　87

　　2. 自省練習　90

七　「情緒溫度計」與「身心思維自我分析表」　91

　　「情緒溫度計」——過去一星期的平均「情緒指數」　91

八　行動起來，鬆一鬆！　93

九　小結　93

第六單元　如何運用「五常法」走出思想陷阱？　　95

一　一周檢查　98

二　阿詩與阿健的轉變　98

　　1.「阿詩記事簿」之「赴約（焦慮篇）」　98

　　2.「阿健記事簿」之「簡介會（焦慮篇）」　101

三　助您走出陷阱的「五常法」　104

　　1. 常留意身體警告訊號　105

　　2. 常喚停負面思想　105

　　3. 常自我反問　105

　　4. 常分散注意力　106

　　5. 常備聰明卡　107

四　度身訂造您的「五常法」　107

　　1. 常留意身體警告訊號　108

2. 常喚停負面思想　109

3. 常自我反問　110

4. 常分散注意力　113

5. 常備聰明卡　113

五　習作──走出思想陷阱　114

六　「情緒溫度計」與「身心思維自我分析表」　118

七　行動起來，鬆一鬆！　120

八　小結　120

九　補充資料　121

第七單元　思想規條與情緒的關係　125

一　一周檢查　128

二　個人的思想規條　128

　　阿詩的思想規條　129

三　思想規條與思想陷阱的區分及關係　130

四　將思想規條秤一秤　133

五　思想規條知多少？　136

六　習作──從負面思想找出思想規條　139

七　「情緒溫度計」與「身心思維自我分析表」　141

八　行動起來，鬆一鬆！　143

九　小結　144

十　補充資料　144

　　1. 為何身心鬆弛是那麼重要？　144

　　2. 意象鬆弛法　145

　　3. 肌肉鬆弛法　146

　　4. 呼吸鬆弛法　148

第八單元　改寫「思想規條」　　151

　一　一周檢查　154

　二　改寫思想規條　154

　　　1. 思想規條　154

　　　2. 心戰口訣　155

　三　改寫思想規條的方法　156

　　　1. 另立新方向　156

　　　2. 是否值得執着下去？　160

　　　3. 思想規條寬鬆尺　160

　四　阿詩的再戰規條　162

　　　1. 以心戰口訣另立新方向　162

　　　2. 阿詩，您是否值得執着下去？　164

　　　3. 阿詩借來了「思想規條寬鬆尺」　164

　五　習作——如何改寫思想規條？　166

　六　「情緒溫度計」與「身心思維自我分析表」　179

　七　行動起來，鬆一鬆！　181

　八　小結　181

第九單元　建立均衡生活　　183

　一　一周檢查　186

　二　日常生活事務記錄表　186

　三　您的「日常生活事務記錄表」　191

　四　均衡生活　195

　五　您的均衡生活「大拍賣」　198

　六　生活目標大追擊　200

　七　習作——您的生活優次　202

　八　「情緒溫度計」與「身心思維自我分析表」　205

九　行動起來，鬆一鬆！　207

十　小結　208

十一　補充資料　208

第十單元　總結篇　211

一　從回顧到重整　214

1.「情緒溫度計」與「身心思維自我分析表」　214

2. 一周檢查　215

3. 情緒警戒線　216

4. 思想陷阱　216

5. 五常法　216

6. 思想規條　217

7. 均衡生活　217

二　建議和忠告　218

三　從轉變到轉機　219

1. 貝克焦慮量表　219

2. 賴布維茲社交焦慮量表　221

四　正視焦慮，再接再厲！　224

參考文獻　225

序

　　近年，港人患有焦慮症或焦慮問題的情況有不斷上升的趨勢，這無疑與工作及生活壓力存有不可分割的關係。現時，無論在職人士或家庭主婦都要承受很沉重的生活壓力：在職人士的工作量不斷增加，而林林總總的家庭問題亦令當事人透不過氣，這麼多煩擾的事情難免容易使人產生焦慮的情緒。

　　引發焦慮的外來事件只會越來越多，不會越來越少。既然導致焦慮的生活事件不會減少或改變，我們若要生活得容易一點，快樂一點，唯有改變我們自己的生活態度與習慣。我們可以學習一些方法、技巧、策略去減輕焦慮情緒對我們的困擾，並藉學習得來的方法去調適生活上的壓力。近年外國極力推崇以「認知治療」去減低焦慮困擾，成效顯著，其中以「自學/輔助手冊」作為減低焦慮情緒的工具已廣為讀者所採用。但反觀華人社會包括香港在內，暫時仍未見有自學形式的實務手冊出現。

　　自2004年開始，筆者以小組形式推行「認知治療」來協助患有焦慮問題的人士，效果彰顯。透過這些寶貴的工作經驗，再將小組內容加以整理，去蕪存菁，編成這本「自學/輔助手冊」。希望本書的出版能幫助那些受情緒困擾的人士，內裡所闡釋的技巧、策略，可協助「您」走出焦慮的困擾。

　　與此同時，此書亦十分適合前線同工作參考之用，有關同工可借用本書的技巧與策略，循序漸進而又有系統地協助服務使用者學懂如何去駕馭焦慮的情緒。

黃富強博士
香港大學社會工作及社會行政學系教授

第一單元

導讀

一　本手冊的讀者對象

這是一本以自學／輔助為主要形式的實用手冊，對象除了是已被診斷患有泛焦慮症或社交焦慮症的患者外，亦適合一些被焦慮情緒困擾了一段時間，並推測自己可能患上焦慮症的人士。此外，作為上述兩類對象的親屬或朋友，亦可視本手冊為一參考書籍，以進一步瞭解患者的病況、需要及如何協助他戰勝焦慮情緒。

二　本手冊的主要功能

（1）　協助焦慮症患者，被焦慮情緒嚴重困擾的人士及其親友，以「自己幫自己」(DIY)的形式，認識及處理自己的焦慮情緒，助己助人；

（2）　讓讀者認識焦慮症的起因、症狀及治療方法；

（3）　介紹「認知治療法」的主要概念及介入方法，並讓讀者依據手冊的指示，循序漸進地處理個人固有的思想陷阱、思想規條，並以實際的想法和行動來平衡情緒，以加速康復。

三　本手冊的內容概要

這本「認知治療」自學／輔助手冊的內容概要如下：

（1）　開始時會介紹何謂焦慮症及社交焦慮症，讓您對情緒問題多點瞭解及認識。我們亦會提供有關焦慮及社交焦慮的情緒測量表，讓讀者可以為自己的情緒作出初步評估。

（2）　在第三和第四單元的課題裡，我們會先協助您找出哪些處境會引致焦慮，並瞭解自己遇到這些處境時，在生理、情緒、行為、思維等各方面，如何作出不良的反應。另外，我們亦會從理論層面開始，

探討負面的思想如何引致焦慮情緒，以及相關的「保護行為」（safety behavior）；

（3） 在第五和第六單元裡，會協助您界定何謂「思想陷阱」（automatic thought），並探討自己的「思想陷阱」如何引致焦慮情緒和「保護行為」；然後，我們會學習一些技巧，以阻止自己跌進這些「思想陷阱」；

（4） 在本書的第七和第八單元裡，由認知的角度出發，找出您的**思想規條**（dysfunctional rules）如何引致焦慮情緒，並學習一些放鬆及改寫思想規條的技巧；

（5） 在本書的第九單元裡，我們會協助您認識自己的生活方式怎樣引致過量的生活壓力，並協助您重整及建立均衡的生活；

（6） 在最後一個單元，我們會作一些總結，讓您為自己兩個月來的轉變作一些自我評估。

在這個簡要的大綱中，您或許發現不少陌生的專有名詞和術語，可能會有點摸不着頭腦。不過，請不要擔心，在後面的篇幅裡筆者會詳細論及這些專有名詞的涵義，在此大家只要有一個概略的認識便可以了。

四 本手冊確能協助您處理現時的情況嗎？

焦慮症患者需要透過藥物治療，處理腦內缺乏血清素所引致的問題。另方面，心理輔導的配合亦不容忽視，因為很多患者都持續出現負面情緒(例如恐懼、沮喪、煩躁)及負面思想，這些正是令他們患上焦慮症的一些因素；而心理輔導卻能協助患者改變固有的負面思想框框，有助解決患者情緒困擾的問題。

現代人工作忙碌，生活步伐急促，未必能定時抽空接受心理輔導，而一般私人的心理輔導費用異常昂貴，非大眾市民可以負擔得起。再者，在傳統中國文化觀念影響下，一般人認為患有此類情緒病是件不光彩及羞恥的事，基於「家醜不出外傳」的心態，便不敢向專業人士求

助。此外，一些患者由於未能衝破心理關口，向別人透露個人的感受，以致把病情拖延，遲遲沒有接受輔導，促使病情惡化。為照顧上述人士的需要，我們特別編寫這本以自學形式的手冊，期望為讀者提供多一種彈性較大、空間較寬的治理焦慮情緒的方式。

可能您會對運用自學／輔助手冊解決個人問題的方式存疑，但事實上，外國有很多情緒病的治療方式，例如焦慮症和抑鬱症等，除需要患者接受藥物治療及心理輔導外，亦十分鼓勵患者運用自學／輔助手冊，有系統地學習怎樣解決個人的焦慮。而「認知治療」正是其中最廣被應用的輔導手法。

五　怎樣從本手冊中獲取最大益處？

也許您會擔心自己沒有足夠的動力及恆心完成整本手冊的練習，根據外國很多研究顯示，自學形式的手冊若未能有效地協助讀者改善目前狀況，主要由於讀者沒有貫徹始終地完成整本手冊的所有練習，這正反映個人的決心及堅持是成功協助自己治理焦慮情緒的關鍵。故此，請記着：您是絕對可以幫助自己戰勝是次的挑戰，而且您的投入和參與，足以突破當前的困境。

事實上，當您願意花錢購買本手冊時，我們相信您也期望它能助您改善目前的精神健康狀況。請在每次開始翻閱這本手冊前，緊記下列各點，認真地為自己作出最好的準備：

- ☑ 時間：每星期預留約兩至三小時的時間完成一個單元的課文。
- ☑ 環境：舒適、安靜環境。
- ☑ 態度：有耐性、決心，願意為自己將來能有輕鬆的生活作出積極的改變。
- ☑ 行動：每星期完成一個單元的內容，並根據手冊的指示完成所有的練習或行動。
- ☑ 獎勵自己：在運用這本手冊的過程中，學習欣賞自己和稱讚自己那或多或少的進步，並給予自己一些鼓勵。

☑ 接受自己：同樣地，您可能會重新認識自己，例如自己的不足或缺點，要接受這些新發現並不容易，但請您開放自己，接納多方面的「你」，並為改進現狀而作相應的改變。

☑ 約見「守護天使」：找一位您信任的家人／朋友／治療人員或輔導員，告訴他們您現在正使用本手冊，並邀請他／她作為您的「守護天使」，讓您每星期可跟他／她分享自己的進度和情況，甚至邀請他／她不時為您打氣，給予情感上的支持，這絕對有助激發您完成本手冊的動機。

使用本手冊的過程中，可能您會被生活上的大小事情，例如家庭瑣事、工作，出席不同的社交聚會所纏擾，種種事情弄得您不時有放棄的念頭。

請緊記，使用本手冊時，不可以半途中斷，以為已大致掌握手冊的內容，以後只需靠自己的意志力，便足以應付。要知道，很多焦慮症患者的焦慮情緒為期不短，如果克服恐懼是一件容易的事，他們早該成功了。**問題是，作出轉變並不是容易的事，甚至很困難；不過，雖然困難，卻不等於沒可能，因此我們才特別指出恆心的重要性。**

認知治療的過程特別講求反覆練習，如果您中途放棄，或不願意付出時間練習，無論一本如何有系統、條理分明的自學手冊，都不能幫助到您克服焦慮與恐懼。

請為自己美好的將來，每星期留一點時間及空間，讓這手冊陪伴您改變與成長。

第二單元

焦慮何處來？

阿詩記事簿

阿詩，二十八歲，於大專音樂系畢業後，曾於中學擔任音樂老師。過往的工作，並沒有讓她留下絲毫愉快的回憶，她常常覺得跟同事格格不入，無法與他們輕鬆自在地交談。曾有好幾次，當她正想開口跟別人閒聊時，腦海就會自然想到：「我可以跟他們談什麼話題呢？他們都是很有經驗的老師嘛，全都學識淵博。相反，自己什麼都不懂，跟他們交談只會顯得自己無知，惹來他們的恥笑。」每每想到這些，便會躲進一角，盡量避免跟同事交往。此外，每當想起要跟別人說話時，即時會感到渾身不自在，臉繃得緊緊的，甚至於會出現呼吸急促等身體不適的現象，這些令她更不願意與別人打交道。

阿詩跟父母及年幼的弟弟同住，父母都是專業人士，工作十分繁忙。她與母親的關係尚算不錯，但跟父親的關係比較疏離，很少交談。因為自幼就覺得父親要求嚴格，一直感到無法滿足父親的要求。相反，她的弟弟學業成績出眾，不時得到父母的稱讚。有一次，當聽到父親盛讚弟弟的學業成績及社交能力時，她默默地想：「我根本就比不上弟弟，無論學業，抑或與人相處方面，他都比我強得多。我好像是什麼也做不來：說話沒有條理，反應不夠敏捷；而弟弟口齒伶俐，朋友一大堆，我是如何也比不上他啊！」從此，她時常感到心情沉重，不開心和焦慮不安。

其實從小學開始，同學們已覺得阿詩十分孤僻和文靜，在學校時已經喜歡獨來獨往：有團體活動的時候，她就推說自己沒有興趣。長大後，每逢跟大群人走在一起，便會渾身不自在，弄得不敢出席群體活動。儘管如此，她並非不喜歡接觸多些朋友，只是不知為何跟別人在一起時總會為她帶來不安的感覺。曾經有一次，舊同學邀請她參加派對，但那些擔心、憂慮、緊張的心情又自然地向她襲來，而且臉龐變得赤熱，身體繃得僵硬。她忖度着：「我說話口齒不伶俐，樣子又十分老土，別人看見我這個樣子，誰會願意跟我聊天哩！」想到這裡，她就斷然拒絕參加這個聚會了。

阿健記事簿

　　阿健在銀行任職文員，工作主要是回答及處理顧客的查詢。近日，他覺得工作越來越吃力，面對以往一向由他處理的事務，也會感到難於應付。他看來有點心神恍惚，也比以前健忘，並經常想逃避什麼似的。

　　有一天，一位老太太向他查詢有關外幣轉賬的問題，對於貨幣的買賣差價重複詢問，令他感到十分厭煩，心想：「為什麼會不斷地問相同的問題？我不是已經回答得很清楚了嗎？肯定是她故意為難我，想我失掉這份工作。」此時，他感到面紅耳赤，肌肉繃緊，心情異常不安，他努力地控制着自己的情緒，希望自己不要發脾氣。但可惜，當老太太多問上一句，他再也沉不住氣：「如果你不滿意我的回答，你大可向我的上司投訴我。」他說完後便氣沖沖地離去。老太太被他突如其來的搶白，頓時滿臉狐惑，跟着氣憤地向主任投訴。事後，阿健十分懊悔自己的行為，責備自己為何不能好好地自我控制情緒，責怪自己對老人家也失卻耐性，跟着不斷埋怨自己。

　　阿健已婚，太太在銀行的借貸部工作，家庭收入穩定，夫妻關係尚算和睦。他們育有一子一女，分別為十二歲及八歲。阿健對子女的要求很嚴謹，因讀書問題時常責備大兒子，因為他覺得兒子很反叛。由於阿健不時對兒子責罵，導致父子經常爭執。太太覺得阿健對兒子過於緊張，事事管束。有一天，阿健放工後約六時回到家裡，見到兒子正在看電視，他即時感到面紅耳赤，情緒激動，心跳加速，隨即大聲責罵兒子：「為何還不好好溫習？還有兩天便考試，你仍在看電視，你這麼不聽話，是否想氣死我？」

　　阿健在旁人眼中是位「緊張大師」，面對任何事情都好像如臨大敵，做事十分認真，任何細節都一絲不苟。有一次，他將同事甲君的信件誤放在乙君的收件匣內，他發覺後頓時緊張萬分：「這是怎可能會發生的事？這樣子別人還會信任我嗎？我也休想以後有升職的機會了！」他這種做法無論對自己或別人，都給予很大的壓力，導致很多同事都很怕跟他一起合作。

　　總的來說，阿健不滿意自己的家庭及工作表現，這種感覺在這半年內越見嚴重。

一 焦慮症

根據美國精神病學會診斷手冊（DSM-IV-TR）顯示，焦慮症是一種情緒病，可分為泛焦慮症(Generalized Anxiety Disorder)、恐懼症(Phobia)、社交焦慮症(Social Phobia)、強迫性焦慮症(Obsessive-compulsive Disorder)、創傷後情緒病(Post-Traumatic Stress Disorder)等。

不同類型的焦慮症，都有相類似的症狀，例如容易緊張、煩躁不安和擔憂等；身體方面會有手心冒汗、面紅耳赤、心跳加速等症狀；思維方面會有負面思想、災難性想法等；而行為方面會有逃避行為、保護行為等，例如下雨天戴上太陽眼鏡，走路時左閃右避等。患者本身絕不希望此等焦慮的症狀會出現，無奈自己又無法控制它們湧現。況且，當面對一些平時可以自行解決及處理的事情，卻因焦慮而削弱瞭解決該等問題的能力，甚至有時連簡單不過的事情也不能當下處理，導致個人極度沮喪。

焦慮的情緒本是一種心境的自然反應，每當人在面對生活上的各種壓力，你我或任何人都會產生焦慮。那麼，多嚴重的焦慮情緒，才會稱之為焦慮症呢？據我們的理解，當有關症狀持續地出現了一段時間，並影響到當事人的日常生活、工作、學業，甚至社交生活時，這便構成焦慮問題了。

在眾多的焦慮症中，泛焦慮症及社交焦慮症被認為是較多人患上的情緒病，本書的主旨將講述這兩類焦慮問題，並着重介紹如何運用「認知治療」的方法去舒緩焦慮情緒。我們謹希望各人在面對生活上的不同壓力時，藉着所學來的「認知治療」法來與焦慮同行，回復常人般的生活。

1. 泛焦慮症 (Generalized Anxiety Disorder)

患者會經常緊張，很多時無故擔憂、惶恐，而這些憂慮的事情可以隨時隨地在生活的不同環節中出現，甚至有時對身邊發生的生活瑣事也會有很強烈的反應。這種焦慮情況若持續超過六個月，導致日常的生活受到影響，便會被界定為患有泛焦慮症。這些人士普遍會有以下的症狀：

(1) 覺得身處的環境有很大壓力或危險，甚至有潛在災難，對自己會構成傷害；

(2) 對於上述的傷害或危險，覺得自己完全沒有能力應付或解決。

2. 社交焦慮症 (Social Phobia)

患有社交焦慮症的人士主要是在社交場合中感到焦慮不安，根據美國精神病學會診斷手冊（DSM-IV-TR）顯示，社交焦慮症患者「對於某個／某些社交處境，有明顯和長期的恐懼；在這些社交處境中，當事人害怕在陌生人面前露面，或者被其他人評核打量。他懼怕自己的行為和緊張心情，會使自己陷於尷尬的境地或屈辱」。由此可見，社交焦慮症的重點是當事人十分在意別人如何評價自己，因而產生焦慮。

社交焦慮症患者所懼怕的社交場合種類很多，最普遍的有：公開演講、跟陌生人交談、在他人面前工作或飲食，與異性相處等等。症狀稍輕的患者通常只會對個別一兩類較特殊的社交場合感到恐懼和抗拒，但較嚴重的患者可能路過稍為繁忙的街道，或乘搭公共交通都會引起恐懼。這些人士普遍會有以下的症狀：

(1) 當事人身處某類社交場合時會產生「過多」的恐懼感；即是說，大部分人在相同或類似的處境下，並不會特別感到恐懼；

(2) 有些社交場合給當事人帶來長期困擾，而當事人會盡量迴避現身這類場合；

(3) 這種焦慮的情緒對當事人的日常生活構成非常負面的影響，如妨礙他不能上學，不能發揮工作表現，跟其他人不能自然地相處等等。

二 您對焦慮症的認識有多少？

1. 小測試

為了讓您瞭解自己對焦慮症的實際認識，以下有一個小測試。請在每條題目的適當位置填上 ✓ 號，然後再細看分析。嗯，緊記不要先看答案哦！

以下是我們常常聽到的一些說法，究竟它們對不對？	對	錯
(1) 生活上不時都會有焦慮的感覺，即代表患上泛焦慮症。	☐	☐
(2) 患上社交焦慮症的人，不過是比較容易害羞，未曾見慣「大場面」，並沒有什麼大不了。	☐	☐
(3) 焦慮症，跟患上其他精神病（如精神分裂症）是相同的。	☐	☐
(4) 泛焦慮症主要是個人性格問題，患者通常都較為內向。患者須將性格完全扭轉過來，才可克服焦慮症。	☐	☐
(5) 無論所患上的焦慮症有多嚴重，靠個人意志力便可完全克服。	☐	☐
(6) 社交焦慮症患者的主要問題是社交技巧不足，因此他們最需要的是社交技巧和儀態訓練。	☐	☐
(7) 只要定時服食精神科藥物如鎮靜劑，便可治癒焦慮症。	☐	☐
(8) 患上焦慮症的人因生活太緊張，只要患者學懂放鬆心情，去旅遊散心，或來個「水療按摩」，症狀便會完全消失。	☐	☐

做完啦，現在可以核對答案了，看看自己究竟是明白真相還是誤解的時候居多！

小測試答案及詮釋

答案	誤解之處	真　相
(1) 錯	生活上不時都會有焦慮的感覺，即代表患上泛焦慮症。	日常生活中有焦慮的感覺是人之常情，有多少人可以做到真正的無憂無慮？ 首先，我們要分辨當事人的焦慮是否「過多」、「長期」，甚至是「不必要」；其次，我們亦要留意該焦慮心情是否對當事人的日常生活構成負面的影響，如引致不能上班、上學等等。
(2) 錯	患上社交焦慮症的人，不過是比較容易害羞，未曾見慣「大場面」，並沒有什麼大不了。	部分社交焦慮症的人先天在性情上，可能真的比較內向或容易害羞，但這只是其中一種成因；還有更多先天或後天的因素，可導致社交焦慮症的形成，如果只將社交焦慮症看為「害羞」，便可能低估了該焦慮心情的嚴重性。 況且，一些「害羞」的表現如容易臉紅，可能不過是社交焦慮症患者的其中一種身體反應，兩者不可等同。
(3) 錯	焦慮症，跟患上其他精神病（如精神分裂症）是相同的。	焦慮症是情緒病的一種，病因之一是由於腦部化學傳遞物質分泌不足，但這與精神分裂症的腦部化學物質分泌有所不同，故患有焦慮症，絕不等於患有精神分裂症，在絕大多數情況下也不會有後者的症狀，如幻聽、妄想等。
(4) 錯	泛焦慮症主要是個人性格問題，患者通常都較為內向。患者須將性格完全扭轉過來，才可克服焦慮症。	焦慮症的成因，除患者天生的腦部分泌因素外，後天因素如患者的思想模式及生活習慣也有關鍵性的影響，個人性格的特質只是其中一些致病的可能因素。因此，泛焦慮症並不可簡化為普通的「性格問題」。
(5) 錯	無論所患上的焦慮症有多嚴重，靠個人意志力便可完全克服。	患者以堅毅的意志力去面對目前的病患，確實對病情康復有正面的幫助，但單靠個人的意志力並不能克服焦慮症，患者還需接受有系統的心理輔導，較嚴重的更需藥物治療。試想想，如果單靠個人意志便可克服焦慮症，很多人一早已成功了。
(6) 錯	社交焦慮症患者的主要問題是社交技巧不足，因此他們最需要的是社交技巧和儀態訓練。	很多社交焦慮症患者的社交技巧看似不足，甚至有一些看起來比較古怪的行為。不過，這不等於他們不懂社交禮儀，只因他們內心有很強烈的焦慮情緒，因而再衍生出許多「保護行為」的反應，即是「第二單元」我們會提到的 "safety behavior"，稍後我們會再詳細說明。 即使有些患者確實社交技巧不足，但單這一點也不能解釋到之前提到複雜的發病成因。社交技巧不足極其量只能說是社交焦慮症的「副產品」，或一個比較次要的發病成因。

（續）

答案	誤解之處	真　相
(7) 錯	只要定時服食精神科藥物如鎮靜劑，便可治癒焦慮症。	藥物確實對治療焦慮症有一定的幫助，但焦慮症的病理成因並非純粹由於生理因素引起，個人習慣性的負面思想模式及錯誤處理壓力的方法亦至為關鍵，所以心理輔導與藥物治療對病患者有相輔相成的作用。
(8) 錯	患上焦慮症的人因生活太緊張，只要患者學懂放鬆心情，去旅遊散心，或來個「水療按摩」，症狀便會完全消失。	不錯，很多焦慮症患者平時都不懂放鬆自己，故放鬆心情，過均衡的生活，對治療焦慮症有不少幫助。 然而，焦慮症並非單單生活過度緊張的問題，焦慮情緒背後的負面思想和與之相關的負面行為，才是焦慮症的關鍵所在。況且，減輕眼前生活壓力，如散心遊樂等方法，很多時只能起「治標」作用，您總不可天天旅行或做水療按摩吧！要有效地「治本」，必須針對病理的核心問題。

　　看過上述答案和解釋，您可能對焦慮症已有初步的認識，卻仍然不確實知道自己現時的焦慮狀況是否已達至患有焦慮症。不打緊，無論您的焦慮程度為何，只要您覺得已經擁有某些焦慮症的症狀，您也可參考這本自學／輔助手冊來幫助自己控制焦慮的情緒。然而，如果您想有一個大概的參照數字，以暸解自己現時的焦慮程度，您可使用以下的貝克焦慮量表來為自己作一次評估。

2. 貝克焦慮量表（Beck Anxiety Inventory）

　　下面是焦慮的一般症狀，請小心細閱每一個項目，然後揀選出過去一個月（包括今天）您覺得受到該症狀的困擾程度，並圈出該數字。

	完全沒有困擾	輕度困擾（對我沒有多大困擾）	中度困擾（令我很不舒服但還可以忍受）	嚴重困擾（我幾乎不能忍受）
(1) 身體麻木或刺痛感	0	1	2	3
(2) 身體發熱	0	1	2	3
(3) 雙腳站不穩	0	1	2	3

（續）

	完全沒有困擾	輕度困擾 （對我沒有多大困擾）	中度困擾 （令我很不舒服但還可以忍受）	嚴重困擾 （我幾乎不能忍受）
(4) 不能放鬆	0	1	2	3
(5) 害怕最壞的事會發生	0	1	2	3
(6) 頭昏眼花／昏眩	0	1	2	3
(7) 心跳很大聲或太快	0	1	2	3
(8) 心神不定	0	1	2	3
(9) 害怕及擔心	0	1	2	3
(10) 神經質	0	1	2	3
(11) 窒息的感覺	0	1	2	3
(12) 手震	0	1	2	3
(13) 身體搖晃顫抖	0	1	2	3
(14) 害怕失去控制	0	1	2	3
(15) 呼吸困難	0	1	2	3
(16) 害怕即將死亡	0	1	2	3
(17) 恐懼	0	1	2	3
(18) 消化不良或肚子不舒服	0	1	2	3
(19) 暈倒或昏厥	0	1	2	3
(20) 面紅	0	1	2	3
(21) 流汗（不是因為天熱）	0	1	2	3

計分方法

請您將 1-21題，每題由自己圈出的數字全部加起來，然後將所得的

數值寫在下面。

您的得分數值：_____

接着，將所得的數值對照下列三項，便可得悉您現時的焦慮狀態是處於哪個水平。

所得數值與焦慮情緒的關係

(甲) 0-21分：輕微焦慮

這是好消息，您無論是面對自己、旁人或周邊環境都只顯示出很輕微的焦慮。可是，有時這些評估也未必能真正反映實際情況，那是由於您可能拒絕承認問題的存在，或您已學懂如何為焦慮的症狀披上一層面紗。

(乙) 22-35分：中度焦慮

您的身體開始告訴自己：您面對生活上的某些事情給了您相當大的壓力，並正在負面地影響着您的生活；例如您的工作需要經常在大眾面前做滙報演説，而上述症狀偏偏就在那個時候出現，您每每在演説前需要用其他方法讓自己冷靜下來，或是要找其他人來協助完成滙報工作，這種情況顯示您可能有某些問題或癥結需要處理。顯然，這還未至於到了十分危急的地步，但您確實需要尋找疏導壓力的方法。

(丙) 36分或以上 ：嚴重焦慮

若上述情況不斷重複出現，而這種持久及強烈的焦慮情緒並非由個人的軟弱或挫敗所致，那您便需要積極尋求解決的方法，否則會對您的情緒及身體造成嚴重影響。若情況持續沒有改善，您有需要約見醫生，或向社會工作者、心理輔導員，或心理學家尋求協助。

★ 注意

這個「焦慮量表」只作參考之用，若您的得分介乎1-35分，即屬甲乙兩類人士，這手冊應該適合您的需要；若您得36分或以上，即屬可能患有嚴重焦慮症的人士，由於您現時的情況對您的身體健康、精神健康及日常生活有十分嚴重的影響，因此，我們建議您盡早尋求精神科醫生或心理輔導員作進一步的檢驗，當情況漸趨穩定時，歡迎您再選用本手冊。

　　另方面，根據香港中文大學香港健康情緒中心於2003年的一項調查指出，百分之三點二受訪者患上社交焦慮症，其中約六成為女性，四成為男性；以此比率作參考，估計全香港十五至四十五歲的人口中有十一萬一千人可能受到社交焦慮症困擾，可見社交焦慮症是相當普通的情緒病。若您覺得自己的焦慮是由於社交生活所影響，亦希望有一個大概的參照數字來瞭解自己的社交焦慮程度，您可使用以下的「賴布維茲社交焦慮量表」（Liebowitz Social Anxiety Scale, LSAS）來為自己做一次評估。

3. 賴布維茲社交焦慮量表（Liebowitz Social Anxiety Scale）

　　以下量表列出二十四項日常生活中可能會面對的處境。請就每個處境回答兩個問題。

　　(1)第一個問題問及您身處該情境時的焦慮程度（以0-3表示，數字越大則表示越焦慮）：

　　0：完全不感到焦慮

　　1：感到有點焦慮

　　2：感到頗為焦慮

　　3：感到非常焦慮

　　(2)第二個問題問及您迴避該情境的頻密程度（以0-3表示，數字越大則迴避行為越頻密）：

　　0：從不會迴避

　　1：很少迴避

　　2：間中／有時迴避

　　3：經常迴避

　　請根據您過去一個星期的經驗作答。如果以下一些處境您很少會碰見，您可以假設自己在該處境中可能會有的反應。

【例】如果在公眾地方通電話，會令您感到頗為焦慮，而您又經常迴避的話，您便會這樣填寫第一題：

日常生活可能會面對的處境	對於這處境，您的**焦慮程度**？	對於這處境，您**迴避的頻密程度**？
(1) 在公眾地方通電話	2	3

日常生活中可能會面對的處境	對於這處境，您的**焦慮程度**？	對於這處境，您**迴避的頻密程度**？
(1) 在公眾地方通電話		
(2) 參與小組討論		
(3) 在公眾地方進食		
(4) 與別人一起在公眾地方進飲（包括酒精類）		
(5) 跟權威人士（如上司、老師等等）交談		
(6) 在一群觀眾面前表演或演講		
(7) 參加派對／朋友聚會		
(8) 在他人的視察下工作		
(9) 在他人的視察下書寫		
(10) 叫喚／致電一個您不太熟悉的人		
(11) 跟一個您不太熟悉的人交談		
(12) 與陌生人見面		
(13) 在公共洗手間小便		
(14) 走進一個其他人已安坐好的房間		
(15) 成為眾人注意的中心人物		
(16) 在會議中大聲發言		

（續）

日常生活中可能會面對的處境	對於這處境，您的**焦慮程度**？	對於這處境，您**迴避的頻密程度**？
(17) 參加測試／測驗		
(18) 向一位您不太熟悉的人表達恰當的反對或不贊同的意見		
(19) 望向一位您不太熟悉人士的眼睛		
(20) 向一組人報告／滙報		
(21) 嘗試結識某陌生人		
(22) 向商舖退貨		
(23) 舉行派對／朋友聚會		
(24) 堅持拒絕一位強行推銷的推銷員		

填寫完畢後，請依照下面的計分法計算出總分數，然後再根據得分以評估自己現時的焦慮水平。

計分方法

計分方法十分簡單。請先把您於「焦慮」一欄及「迴避」一欄的分數分別加起來，得出「焦慮總分」及「迴避總分」；最後，再將兩個總分相加，得出全表總分。

【例】

日常生活可能會面對的處境	對於這處境，您的**焦慮程度**？	對於這處境，您**迴避的頻密程度**？
(1) 在公眾地方通電話	1	2
(2) 參與小組討論	2	2
⋮	⋮	⋮

（續）

(23) 舉行派對／朋友聚會	2	1
(24) 堅持拒絕一位強行推銷的推銷員	3	1
	焦慮總分：33	迴避總分：25

焦慮總分 (33) ＋ 迴避總分 (25) ＝ 總分 (58)

請將您的總分對照以下三項分數，以檢視您現時的社交焦慮程度處於哪個水平：

0-29分：*正常的社交焦慮*

所有人處身於某些社交場合都會有焦慮的時候。您的焦慮情緒在合理和可接受的範圍，只要困擾您的壓力過去，您的焦慮狀況便會得到舒緩；除非情況越趨惡化，否則暫時無需詢問醫生的意見。

30-59分：*輕微至中度的社交焦慮*

您擁有不少社交焦慮症的症狀，若以之前提及的分類來說，您有可能屬於「非廣泛型社交焦慮症」。換句話說，您的焦慮情緒對您的日常生活已構成一定的影響，如社交生活不愉快、工作表現欠佳等。如果您的情緒狀況已維持超過一個月，我們建議您詢問醫生的意見，讓醫生為您作更仔細的評估。

60分或以上：*中度至嚴重的社交焦慮*

您擁有很多社交焦慮症的症狀，而且這些症狀相對嚴重。若以之前提及的分類來說，您有可能屬於「廣泛型社交焦慮症」。您的焦慮情緒已嚴重影響您的家庭生活、社交生活及工作表現，我們建議您約見醫生、臨床心理學家或向社工輔導員尋求專業意見及評估。

當您的得分在60分以上，表示情況相對較為嚴重，由於您現時的情況對您的精神健康及日常生活有顯著的影響，我們強烈建議您盡早尋求精神科醫生或心理輔導員作進一步的檢驗及治療。

請緊記，無論「BAI量表」或「LSAS量表」只供參考之用，它們不能代替精神科醫生的專業診斷。

　　然而，無論您的焦慮程度如何，只要您懷疑自己有這方面的需要，您也可以試用這本為您而設的自學／輔助手冊，讓您對社交焦慮的課題有更多認識。可別忘記，當您越瞭解自己的情緒，您對自己身體及精神健康的洞察力便越高，既可減輕已有的精神困擾，亦可防範尚未出現的情緒問題，您為什麼要放棄這個認識及學習的機會呢？

4. 焦慮症的成因

　　焦慮症的病因是多元性的，雖然從許多病例中可以發現病發誘因往往與社會心理壓力有關；但部分病人發病，的確找不到明顯的外在環境因素，所以生理因素也是患病成因之一。故此，焦慮症不但受後天教養和環境因素所影響，亦會受先天遺傳所影響。

▌先天生理因素

(1) 腦部某些神經傳遞物質分泌不足或過多，出現失衡情況；

(2) 家族基因遺傳。

▌後天環境因素

(1) 生活緊張，長期處於沉重壓力的情況下；

(2) 個人習慣性的負面思想模式。

5. 治療方法

　　嚴重的焦慮症患者需要接受治療，否則病情只會日益嚴重，個人的日常功能可能因而完全癱瘓，無法與人建立正常的人際交往，亦無法專心工作和讀書。對嚴重的患者而言，最有效的治療方法是藥物治療結合心理輔導：

▌藥物治療

(1) 對那些經常在面對某些事物、處境時會有強烈焦慮感的人士，藥物可以協助他們減低焦慮。

(2) 部分醫生會採用苯二氮泮類(benzodiazephines)，但長期服用會令患者對該藥產生依賴作用；另外，單胺氧化酶抑制劑（MAOI）與血清

胺再吸收抑制劑（SSRI）對社交焦慮症亦有相當療效。

▌ *心理輔導*

（1）心理輔導主要從患者的心理及性格上找出引致焦慮的成因，並引導該患者學習怎樣克服焦慮。

（2）負面思想模式與焦慮症有莫大關係，北美國家普遍採用**認知治療**去改變患者的非理性或負面思想，其成效受到廣泛認同。事實上，認知治療的理論顯淺易明，治療步驟亦清晰明確。

三 認知理論能準確辨析過度焦慮

貝克及艾瑪莉(Beck & Emery,1985)認為焦慮是人類感知周遭事物的情緒反應。若個人高估了某個處境的危機，同時又低估了自己的能力，就會出現焦慮症狀。焦慮反應包括思維、情緒及生理等部分，與個人的認知過程有密切關係。一般而言，焦慮症狀是人對潛在危機或具體危機的自然反應。當人感到受威脅時，就會根據當時的環境、自己的應變能力及擁有的資源，衡量威脅的嚴重程度；情緒、行為及生理等系統亦會作出反應，互相協調，以應付危機。但如果長期高估某些情況的威脅性，這個機制就會失效。一個人的自然機制過分活躍，就會產生過度的焦慮症狀。

認知理論認為焦慮是由於人在處理資訊的過程中出現問題(Beck & Emery, 1985)。認知功能可以讓我們處理外來訊息，引導我們選取有用的資料。但過分焦慮的人太專注及高估事件的威脅性，同時低估自己的應變能力，當危機機制啟動時，處理及詮釋訊息的過程便會出現偏差，傾向選擇有威脅性的訊息，因而忽略了其他的事實，導致作出錯誤的結論。這種錯誤演繹事件的過程我們稱之謂「思想陷阱」。

過度焦慮的人士有以下三大類型的思想規條(信念)：

（1）認為自己有缺點，不被人接納；

（2）相信自己不如別人；及

（3）怕受他人控制或憂慮一些自己控制範圍以外的事情。

當人一旦受到這些信念影響，便會在面對生活事件時，把情況演繹及評價為：別人不接納自己，自己比不上別人，及我無法控制自己身上所發生的事情。

因此，要瞭解個人的焦慮情緒，關鍵在於分析其思想陷阱及思想規條。焦慮症患者的思想謬誤令他／她無法理性地分析自己思想陷阱內容的真確性。他們的思想陷阱模式有以下的特點，例如大難臨頭、妄下判斷及非黑即白等。這類思想模式令患者無法客觀評估外來資訊。譬如一個有「大難臨頭」思想模式的人，當感受到冒汗、心跳加速、呼吸不暢順等生理症狀時，可能會認為這是心臟病發的先兆，自己將不久於人世。當患者確信自己心臟病發，就會忽略其他可能的解釋。最後，每當感到心跳加速或呼吸沉重時，就引致極度憂慮，甚至恐慌發作。當焦慮症患者認為某些事物有威脅性，就會特別敏感，產生許多假的警號，情緒長期處於緊張狀態。

錯誤地詮釋事物還會形成惡性循環，加強及令焦慮情緒持續。若個人認為自己工作上一定不能出錯，否則便會被解僱的話，就會小心翼翼地處理上司所委派的任務，唯恐有錯。由於恐懼，他／她便更加焦慮。極端焦慮影響這位員工的工作表現，出錯的機會反而更大。結果，工作表現真的不如理想，於是加強了他／她對自己能力不足，以及會被解僱的信念，令焦慮情緒加劇。

以上例子顯示，焦慮症患者思維、生理及情緒之間的互動，會形成惡性循環，令焦慮情緒膨脹。焦慮症狀可能令當事人感到受威脅，因而影響表現，表現不好是一種負面回應，令患者更加覺得處於危機狀態，焦慮及無能感繼而增強，於是，焦慮情緒更為牢固及得以持續。

四 認知理論如何理解社交焦慮與思想、行為的關係

社交焦慮跟普通的焦慮情緒有所不同。舉個例子：某些有社交焦慮的人士，覺得自己一事無成，別人會瞧不起他，從而很害怕跟別人接觸。但生活總會有時需要現身公眾場所，他便會長時間戴上墨鏡，藉此

拒絕跟他人作任何眼神接觸，並盡量迴避別人的目光。這時，他自己會在想：「嗯，只要我不望向別人，他們便不能望見我呀！」

　　社交焦慮人士往往會錯誤地揣測別人的行為表現，但卻不自覺地鞏固了自己既有的負面思想，甚至刻意去留心別人的舉手投足來印證自己的想法。例如：

　　　　有位女士常常覺得自己不懂打扮，衣著寒酸。某次舊同事約了上茶樓品茗，不遠處坐了兩位打扮趨時的少婦正在閒談，忽然向她這邊瞟了一眼，繼而看見兩人掩嘴而笑。她立即緊張起來，渾身發熱、臉紅耳赤，自忖着：「糟透了，她們一定是覺得我穿著很土，正在嘲笑我呀！」她立即圍上頭巾，遮蔽半邊臉。

　　其實那兩位少婦只不過談及昨晚的電視節目多麼無聊好笑，根本不是在談論她的衣著哩！

　　上述情況的出現，還可以引發出以下的一些心理反應：

　　● 這位女士覺得自己的衣著很土，別人見到定會對她評頭品足，作出惡意的批評。

　　● 因此，她在公眾場合會很留意別人的反應，別人的舉手投足都會被她詮釋為一種批評或嘲弄。

　　● 這種情況下，她會產生很強烈的焦慮感覺。

　　● 從而，她會做出一些保護行為（safety behaviour），藉此掩飾自己的焦慮，以及避免讓別人看見自己的窘態。例如**她立即圍上頭巾，遮蔽半邊臉**，以此來避開別人的目光。或許，這些行為表現，在那一刻會為當事人減少壓力，暫時舒緩那些焦慮及不安的感覺。

　　● 結果，別人看在眼裡就會覺得她很奇怪，臉上自然會流露出這樣的表情，彷彿心裡在説：「這個人的行徑幹嗎如此怪誕？」

　　● 看到別人這種表情反應，就會聯想到：「唉，她們的表情不是正好說明我的衣著很土、寒酸嗎？並不是我自己胡亂猜測，她們的表情已經

告訴了我哩！」

　　● 這一連串的行為及思想反應，增強她的想法：「我衣著寒酸，打扮很土，沒有一個社交場合會歡迎我。」最後選擇逃離現場。正因為逃離的關係，她永遠也不能夠直接面對問題，克服問題。那就更加鞏固自己錯誤的想法，從此迴避再出席社交場合。久而久之，越逃避，焦慮越嚴重；焦慮越嚴重，就更加逃避。

社交場合 ➡ 焦慮情緒 ➡ 不自然行為 ➡ 惹來旁人奇異目光／反應

⬆ ⬇

焦慮越見嚴重 ⬅ 永遠沒有機會面對問題 ⬅ 逃離現場 ⬅ 令當事人更為緊張

⬇

迴避出席社交活動

　產生社交焦慮情緒的要素

　　在產生焦慮的過程中，開始時可能只不過是一種普通的情緒焦慮，例如**初次會面時，會害怕不能給別人留下好印象**。這原是一些正常的焦慮心情，但由於後來連串的錯誤演繹，慢慢發展成為一種病態焦慮。當中涉及個人思想上的三個要素：

　　(1) 高估問題的嚴重性；

　　(2) 低估自己的應變能力；

　　(3) 揣測事件的因果關係：例如當做出一些古怪行徑時，自己如何解釋這行為所產生的效果；及如何揣測別人對自己行徑的看法。

五　本書作者的經驗談

　　如果遺傳是最大的影響因素，可以用藥物治療。但若然是認知方面出了問題，我們便要正視自己的思維模式：

　　● 是否自己的慣常想法導致焦慮情緒易於出現呢？

　　● 為何自己會經常誤以為外在的環境都是可怕、嚇人的？

　　● 為何我們會低估自己的能力，讓焦慮情緒不時得逞？

　　遇上焦慮，以逃避或利用一些保護行為(safety behavior)來減低自己

第二單元 焦慮何處來？ 27

的焦慮。您覺得是否可行，是否有效？其實我們要面對焦慮情境才可解決問題，若果不然，我們永遠不能有效地撫平自己的焦慮。

本書作者過往曾以此治療法服務長期病患者、抑鬱及焦慮患者，結果顯示接受認知治療的患者，無論精神健康及正向情緒都有顯著的改善，而負面思想與情緒亦明顯減少，最重要是能更從容地去面對環境壓力！

此自學／輔助手冊雖未必可完全治癒您的焦慮問題，但憑着我們過往的臨床經驗及外國的研究反映，認知治療確有其明顯的成效，故我們相信當您完成本手冊各項內容及練習時，您的現況會有一定的改變。

六　您的承諾

前文提議您找一位「守護天使」，見證您的學習進度，並在學習的過程中給您支持。您既已有決心去克服您的焦慮情緒，何不找一位「守護天使」，在他／她的見證下嚴正地填寫一份自我成長的契約呢？

另外，除了心靈上的支持，這位「守護天使」亦將對您有很實際的幫助。本自學手冊有不少模擬處境的練習，並不是自己一個人可以做得到，您需要找一位跟您熟絡的人協助。這個人可以是您的親人或朋友，總之是一位您願意信賴的人，在練習過程中，他／她既可給您適當的支持，又可坦白地向您提出中肯的意見。

請不要吝嗇您的時間和精力，去找這一位「守護天使」。讓我們認真的再講一句：任何改變都不是容易的。不過，如果您願意投入時間和精神，我們相信您的付出不會浪費。

當您找到這位「守護天使」後，可邀請他／她填寫以下一份契約，以肯定自己的決心：

契約

本人 _____

在 _____ 的見證下，

　　願意在未來的兩個月中，按手冊的內容去學習瞭解及處理自己的焦慮情緒。

姓名：_____（自學者簽署）　日期：_____

姓名：_____（見證人簽署）　日期：_____

第三單元

焦慮與思想反應、行為反應和身體反應的關係

本單元學習目標

完成本單元後，您將會明白到：
(1) 伴隨着焦慮的出現，會引發起其他方面的不良反應，包括：思想、行為及身體的不良反應；
(2) 上述各項反應，主要與當事人的思考模式有關。

阿詩記事簿
舊同學聚會

　　阿詩經不起校友的再三邀請，答應出席母校的金禧校慶紀念聚餐。出門前對着鏡子看了好一會，覺得自己今天的樣子很憔悴，正猶豫是否應去赴宴，但舊同學一再來電催促，她唯有硬着頭皮出門。臨出門前還刻意往臉上抹上厚厚的一層胭脂，希望自己看上去不那麼憔悴。

　　抵達酒樓時，離聚餐的時間已差不多，但阿詩還到附近的商場轉了幾個圈，拖延至最後一秒才步入會場。會場內見到很多校友正在彼此寒暄，正躊躇着往哪邊走，眼角瞥見遠處一位女士正在上下打量她，阿詩的身體一下子就僵硬起來，心想：「今天自己的樣子太憔悴了，加上這身衣著也委實很土，她肯定是在譏笑我。」她隨手從枱面拿起一杯飲品並牢牢的捧在雙手裡，她害怕自己會出什麼洋相，心裡頭緊張又忐忑，所以差不多將全身的力氣都放在雙手上。不料她越想平穩地拿着水杯，雙手卻顫抖得越厲害，甚至連飲料也抖了出來，弄濕一身衣服。阿詩頓時窘得滿臉通紅，覺得全世界的眼睛都望向她。「哎呀，我就是這樣什麼事也做不好，他們都在交頭接耳，必定在議我的醜態。」她慌張得也不動手去拭乾弄濕了的衣服，怕身體稍動會更加惹人注意，而心裡頭就像繫了千百塊石頭，直往下沉。

　　一位以前很要好的同學趨前跟她打招呼，她不但沒有回應，也不敢望向同學，心霍然地跳個不停，同學見她不理睬自己也就快快然地走開。阿詩心裡委屈地想：「唉，我真不該到來，我這樣笨手笨腳，來這裡只會出醜，自暴其短，連最好的同學也不留下來陪我。從此，休想她再瞧得起我。」她感到羞愧、焦慮不安，惶惶然不知所措，趁着還未正式入席便悄然離去。

　　「究竟我幹什麼了？」阿詩一邊坐車回家，一邊在想。

一　如何分析焦慮的經驗？

「我怎麼了？」

不要小看這個問題，其實我們也常問自己這個問題，尤其當我們心裡充斥着負面情緒時。像阿詩一樣，在社交場合中，常常會產生不少負面情緒。什麼是負面情緒呢？負面情緒可能是焦慮、煩躁、擔憂、緊張、悶悶不樂……

本來，這些情緒是自然的反應：驚恐、緊張、焦急、恐懼等情緒，每個人都曾經經驗過。問題在於：若長時間處於這種負面情緒下，而又不懂得以一些恰當的方法處理，就很容易衍生出情緒問題，泛焦慮及社交焦慮都是其中的例子。

日常生活中最常產生的負面情緒是焦慮，間中還可能夾雜着驚恐、煩躁、忐忑不安……等等。或許，您的心裡可能也會浮現出與阿詩相似的問題：「究竟我幹什麼了？」但又不懂回答。

不懂回答，主要是因為您還未懂得分析自己每次焦慮時的經驗，而分析自己的焦慮經驗，是克服焦慮情緒的第一步！

如何分析呢？我們會以阿詩的個案作為例子，希望弄清楚哪些事件或情境引起她的焦慮情緒，以及隨之而來身體、行為及思想上的反應，從而辨識出引致阿詩產生這次焦慮的源頭。

請緊記，此手冊中不少的練習是需要您自己填寫的，這有助加強您對內容的理解。若您能跟隨每個步驟去完成所有練習，我們相信您定會獲益不少。

1. 引發事件

請細閱一遍阿詩的遭遇，您認為她在參加母校的金禧校慶紀念聚餐

過程中，有哪幾件事曾引致她產生焦慮不安的情緒？

請您嘗試寫下困擾阿詩的事件：

> ....
> ....
> ....
> ....

您已經寫下答案，對嗎？那麼，就請聽聽我們的意見分析。

據我們理解，阿詩在母校的宴會裡，碰到以下幾件事情而產生焦慮及負面的情緒：

> - **事件一**　剛踏足會場，瞥見有位女士上下打量她。
> - **事件二**　杯裡的飲品抖出，弄濕一身衣服。
> - **事件三**　老同學跟她打招呼後很快又走開，沒有留下來陪她。

您是否贊同上述事件是導致阿詩產生焦慮的原因呢？

還有，除了因上述事件令情緒有所轉變之外，我們似乎還看到背後存在着其他問題，請再細看以下的分析。

2. 身體反應

在面對焦慮時，身體往往會即時出現一些自然反應，例如心跳、手震、驚恐等。但這類反應有時會為某些人帶來不愉快或不良的後果：

(1) 這些反應令當事人產生不舒服及不自然的感覺；

(2) 這些反應往往令當事人覺得自己「不正常」，或者是旁觀者察覺

出她有些不尋常的反應，正如在阿詩的例子裡我們見到**杯裡的飲料因阿詩雙手的抖動而濺出弄濕衣服**，令阿詩覺得自己雙手顫抖是「不正常」的反應，因而不敢動手去拭乾衣服。以這種方法去處理「不正常」的身體反應，旁人看在眼裡就會覺得有點奇怪：她為什麼不去弄乾自己身上的濕衣服呢？

（3）當產生這些反應時，當事人會覺得自己無法控制這些反應，同時很害怕這些反應會持續出現及纏繞自己。因此，面對社交焦慮時，會更着意上述的身體反應，但不幸地，很多時都會得到相反的效果。就如**阿詩越想平穩地拿着水杯，雙手卻顫抖得越厲害，甚至連飲料也抖了出來。**

事件引發了負面情緒，同時也引起一些不良的身體反應。試從阿詩的例子中，找出她有何種的身體變化或反應？

請寫下您觀察到阿詩身處社交場合時的身體反應：

....

....

....

....

您已經寫下答案，對嗎？那麼，就請聽聽我們的意見分析。

據我們的觀察，阿詩當時有以下的身體反應：

> ● **反應一**　瞥見有位女士打量她：　身體一下子就僵硬起來。
> ● **反應二**　杯裡的飲料抖出來後：　她頓時窘得滿臉通紅。
> ● **反應三**　有位同學趨前跟她打招呼：　心霍然地跳個不停。

您的個人經驗

焦慮不是單純地一種不快的情感而已，所謂「焦慮」，其實有部分是來自身體的感覺，阿詩的經驗便是一個例子。

以下列舉了多項與焦慮有關的身體反應，希望藉此協助您增加對自己的瞭解。下表用以檢視有哪些反應會經常出現在您的身上，以及出現的強烈程度，請在適當的空格內填上 ✓ 號。

焦慮檢視表

(0-5，0表示沒有這種感覺，5表示這種感覺很強烈)

身體反應	強烈程度					
	0	1	2	3	4	5
● 心跳加速						
● 胸口痛、胸口繃緊						
● 手腳冰冷						
● 胃部不適						
● 肌肉繃緊						
● 口乾或口水分泌過多						
● 臉紅						
● 倒胃、噁心、想嘔吐						
● 頭暈、頭痛						
● 心悸，驚恐						
● 呼吸不暢順						
● 手震、腳震						
● 食慾不振						
● 肌肉痛						
● 手心冒汗						
● 視覺模糊						
● 說話時聲音顫抖、口齒不清						
● 耳鳴						

3. 行為反應

面對生活壓力，或在社交場合出現焦慮情緒時，除了身體有反應之外，行為上亦會作出相對反應。慣常出現的行為反應有兩大類，我們稱之為「保護行為」(safety behaviour)及「逃避行為」。

（1）**保護行為**　會做出一些保護性的行為去避免出錯、出醜，其中包括：避免跟別人有眼神接觸，用力緊握水杯，塗抹大量的化妝品以遮掩滿臉通紅，額角不斷地流汗又死捏着手帕不放，怕説話犯錯因而常顧左右而言他或查詢些無關痛癢的問題，説話急促，或不停在腦海裡重複「綵排」將要講出口的説話等。

（2）**逃避行為**　包括不出席活動聚會，以不同藉口逃避可能觸發生活壓力的事情或社交活動，就算勉強出席亦會遲到早退；或者以一些不良的行為例如飲酒來逃避困境。

這些行為本身問題不大，只是若當事人長期以此作為面對焦慮的手段時，便會無法讓自己知道本身其實**具有攆走焦慮的能力，亦可學習擺脫焦慮的方法**。當事人本以為保護行為與逃避行為能讓自己避過丟臉或出錯的窘態，但不幸反而使個人更為泥足深陷，不能正確地面對自己的錯誤判斷，無法建立解決焦慮的信心及能力。

這裡，首先看看阿詩以哪幾項負面行為來令自己減低焦慮？同時讓您學習分辨哪些屬於保護行為及哪些屬於逃避行為？

請先寫下阿詩在參加聚餐的過程中曾發生過的負面行為，其次，您認為那項是屬於「保護行為」抑或是「逃避行為」，在適當的欄位上填上 ✓ 號。隨後，試寫下這些行為會為阿詩帶來什麼負面的影響；例如：有沒有機會讓阿詩去面對實況，讓她明白其實情況並不如自己想像般的糟糕？

行為反應	保護行為	逃避行為	負面影響
(1)			
(2)			
(3)			
(4)			

現在，請看我們如何分析阿詩當時的行為反應：

行為反應	保護行為	逃避行為	負面影響
(1) 臨出門前還往臉上抹上厚厚的一層胭脂。	✓		阿詩覺得自己的樣子憔悴才抹上胭脂，但太濃的化妝反顯得不自然。
(2) 抵達時，聚餐時間已差不多，阿詩還到附近的商場轉了幾個圈，拖延至最後一秒才步入會場。		✓	遲到進場，不只令自己更為緊張，亦會較容易惹人注目。
(3) 她隨手從枱面拿起一杯飲品並牢牢的捧在雙手裡。	✓		雙手因為過份用力而顫抖，以致將飲料抖瀉，阿詩又不動手去拭乾濺濕了的衣服，容易惹起別人的注意，覺得她的行為比較奇怪。
(4) 趁還未正式入席便悄然離去。		✓	失去面對焦慮處境的機會，從而沒有機會學習克服焦慮，並瞭解當時的情況並不如自己想像般糟糕。

您的個人經驗

當您面對生活壓力或出席社交場合時，您是否也會作出類似的行為來應付焦慮的困擾？

請試在下表中填上您的個人經驗，嘗試辨識出保護及逃避行為，以及對自己的負面影響：

行為反應	保護行為	逃避行為	負面影響
(1)			
(2)			
(3)			
(4)			

4. 思想反應／負面思想

再看阿詩的例子，從接受邀請到悄然逃離現場，阿詩腦海中都有一些思想反應，而這些反應往往都是些負面的想法，試找出她曾有過的**負面想法**，然後在下面列舉出來：

- **想法一：**

- **想法二：**

（續）

● **想法三**：

據我們的理解，從阿詩的例子中，她曾有過以下的負面想法：

● **想法一**：進入會場後瞥見有人望向她：「今天自己的樣子太憔悴了，加上這身衣著也委實很土，她肯定是在譏笑我。」

● **想法二**：雙手顫抖，抖落了杯中的飲料：「哎呀！我就是這樣什麼事也做不好，他們都在交頭接耳，必定在議論我的醜態。」

● **想法三**：一位同學跟她打招呼，見她沒有回應後離去：「唉，我真不該到來，我這樣笨手笨腳，來這裡只會出醜，自暴其短，連最好的同學也不留下來陪我。從此，休想她再瞧得起我。」

阿詩這些想法，您覺得會給她帶來什麼影響？是否會影響到她的身體、行為、情緒的反應呢？如果您找到，請在下表內寫下：

負面思想	身體反應	行為反應	情緒反應
(1)「今天自己的樣子太憔悴了，加上這身衣著也委實很土，她肯定是在譏笑我。」			
(2)「哎呀！我就是這樣什麼事也做不好，他們都在交頭接耳，必定在議論我的醜態。」			
(3)「唉，我真不該到來，我這樣笨手笨腳，來這裡只會出醜，自暴其短，連最好的同學也不留下來陪我。從此，休想她再瞧得起我。」			

請細看我們以下的分析，與您的有何不同？

負面思想	身體反應	行為反應	情緒反應
(1)「今天自己的樣子太憔悴了，加上這身衣著也委實很土，她肯定是在譏笑我。」	身體不期然僵硬起來。	雙手緊握着水杯。	害怕自己出洋相，心裡頭緊張又忐忑。
(2)「哎呀！我就是這樣什麼事也做不好，他們都在交頭接耳，必定在議論我的醜態。」	頓時窘得滿臉通紅。	不動手拭乾身上的濕衣服，不敢稍動身體。	心裡頭像繫了千百塊石頭，直往下沉。
(3)「唉，我真不該來，我這樣笨手笨腳，來這裡只會出醜，自暴其短，連最好的同學也不留下來陪我。從此，休想她再瞧得起我。」	心霍然地跳個不停。	不但沒有回應，也不敢望向同學。	感到羞愧、焦慮不安，惶惶然不知所措。

可以看到在這些負面思想的裡頭，其實包含着三個要素：

（1）**她高估了事情的嚴重性**：例如阿詩**只瞥見別人看了她一眼，便引申到自己的樣子憔悴，衣著很土，別人不會喜歡見到她**；單單一個眼神，阿詩便推算到別人不喜歡見到她，是將事情高估得過份嚴重。

（2）**她低估了自己解決問題的能力**：例如有一次阿詩說：**我就是這樣，什麼事也做不好……**。在類似的情況下，阿詩很快便把問題判斷為自己能力不濟，無法應付當前的事情。她忽略了人在極為焦慮的狀態下，解決問題的能力會大受影響。相對，只要她心平氣和，便可避免一些問題的出現，亦可能想到解決問題的方法。

（3）**錯誤理解事情的真相，甚至將事件推向災難化**：這部分可能與她高估了事情的嚴重性(第一點)有關，又或是她只留意事件的某部分，而忽略事情的整體的實況。例如阿詩**見到同學跟她打招呼後離開，便推斷這位同學以後再也瞧不起她**，她除了把問題看得很嚴重外，亦只看到**同學不留下來陪她**這部分，而忽略了她先前**沒有回應別人的招呼，也沒有望向同學**這部分——這個別人不留下來跟她攀談的主要原因。

您的個人經驗

　　您是否也曾有過上述相類似的經驗？請回想某次令您最感焦慮的事件或處境，當中是否某些情況可能由於您高估了事情的嚴重性？或低估了自己解決問題的能力？甚至將事實真相錯誤演繹，包括將後果擴大至災難性呢？

　　請在下表填上您曾遇過的焦慮情境，然後分辨出屬於哪一項原因，再在該欄內填上 ✓ 號。記着：一個焦慮情境，可能同時擁有三個原因哩。

焦慮處境	高估了事情的嚴重性	低估解決問題的能力	錯誤演繹事實真相
(1)			
(2)			
(3)			

　　這些想法當時給您帶來什麼樣的影響？您當時的身體、行為、情緒有過何種反應呢？請在下表內寫下：

焦慮處境	身體反應	行為反應	情緒反應
(1)			
(2)			
(3)			

起初，你們也許會覺得阿詩產生負面情緒的原因，是由於：

(1) 開始時別人投向她的眼光；

(2) 打翻飲料弄濕衣物惹來他人注目；及

(3) 舊同學的態度所引致。

但當我們深入探討她的思想反應時，我們不難看到她的情緒問題其實與思想有着更密切的關係。

據我們分析，阿詩負面情緒的由來，主要不是事件本身，而是由於事件而引發起身體、行為、思想等不良反應而造成。而這種種的不良反應中，**思想反應**是影響情緒反應的主因。

這些負面思想反應，似乎才是形成負面情緒的根源。的確，**事件本身並不是問題，是您如何理解事件才是問題的所在**。在以下章節，我們會再詳細點交代負面思想如何帶來焦慮的感覺，以致出現負面和不良的情緒、身體及行為反應。

二　生活中有哪些處境令您產生焦慮？

從上述阿詩的個案，我們知道如何分析和理解一個令人感到焦慮的經驗：首先要確認**引發事件**，然後再分辨出**身體、行為、思想、情緒等幾方面的反應**。

儘管阿詩看來是患了社交焦慮，跟您產生焦慮的情況未必相同。但無論患的是泛焦慮或社交焦慮，您也要找出導致焦慮的**引發事件**，因令每個人產生焦慮情緒的生活處境都各不相同，您有需要為自己辨識出有哪些事件或情境令您產生焦慮。

以下的一份表格，請您回顧日常生活裡有哪些生活環節會令您產生焦慮？然後，請選出十項對您影響最深或最常遇到的事件／情境，填寫在左方的欄裡。您不用急於填寫，請先花點時間慢慢細想再選出最具代表性的事件／情境。

填好左邊欄後，再根據那些事件／情境對您所造成的「焦慮」影響，在右方欄填上您的評分（1-10分，分數越高代表焦慮感覺越強

烈）。

請先看看以下的例子：

令我產生焦慮的生活處境	焦慮程度 （1-10分）
(1) 負責寫會議記錄。	4
(2) 帶學生參加課外活動。	9
(3) 應付考試。	7
(4) 跟陌生的異性談話。	2

您的個人經驗

令我產生焦慮的生活處境	焦慮程度 （1-10分）
(1)	
(2)	
(3)	
(4)	
(5)	
(6)	
(7)	
(8)	
(9)	
(10)	

您已列寫了十項常讓您焦慮的生活處境。現在，請將您所填寫的按焦慮程度（右方欄所填寫的）順次序重寫於下列的**焦慮排行榜**上。焦慮程度最低的排第1位，最高的則排第10位，如此類推。

參考例子：

焦慮排行榜

令我產生焦慮的生活處境	焦慮程度 （1-10分）	排行榜
● 跟陌生的異性談話。	2	1
● 負責寫會議記錄。	4	2
● 應付考試。	7	3
● 帶學生參加課外活動。	9	4

焦慮排行榜

令我產生焦慮的生活處境	焦慮程度 （1-10分）	排行榜
●		
●		
●		
●		
●		
●		
●		
●		
●		
●		

焦慮的自我分析

在以上「焦慮排行榜」的練習中，您已經找出十項時常令自己產生焦慮及負面情緒的生活處境。不錯！這裡每個生活處境，其實都可以構成一項**引發事件**，從而帶出前面提及過的**情緒**、**身體**、**行為**、**思想**等反應。

為了加強您對分辨思想、行為、身體三方面的反應，請您根據下面的步驟，做一個小練習。

首先，請在前面的「焦慮排行榜」中，挑選一項作為這次自我分析的「引發事件」。我們建議您挑選一個焦慮程度介乎「中等」的生活處境（約4-6分），而這處境最好是您在本星期內的親身經驗。

（1）使您情緒變得焦慮和緊張的**引發事件**是：（從排行榜中選取一項）

- ＿＿＿＿＿＿＿＿＿＿＿＿＿＿＿＿＿＿＿＿＿＿＿＿＿＿＿＿

（2）在這事件中，您有哪些**負面情緒**：

- ＿＿＿＿＿＿＿＿＿＿＿＿＿＿＿＿＿＿＿＿＿＿＿＿＿＿＿＿
- ＿＿＿＿＿＿＿＿＿＿＿＿＿＿＿＿＿＿＿＿＿＿＿＿＿＿＿＿

（3）您當時**身體有什麼反應或變化**：

（如果一時之間想不起，可參考前面提及過的一些可能出現的身體反應）

- ＿＿＿＿＿＿＿＿＿＿＿＿＿＿＿＿＿＿＿＿＿＿＿＿＿＿＿＿
- ＿＿＿＿＿＿＿＿＿＿＿＿＿＿＿＿＿＿＿＿＿＿＿＿＿＿＿＿

（4）您當時有哪些**行為反應**：

（前面我們曾經提過有關「保護行為」和「逃避行為」，您可有這些行為反應？請說明之。）

- ＿＿＿＿＿＿＿＿＿＿＿＿＿＿＿＿＿＿＿＿＿＿＿＿＿＿＿＿
- ＿＿＿＿＿＿＿＿＿＿＿＿＿＿＿＿＿＿＿＿＿＿＿＿＿＿＿＿

（5）您當時的**即時想法**：

- ＿＿＿＿＿＿＿＿＿＿＿＿＿＿＿＿＿＿＿＿＿＿＿＿＿＿＿＿
- ＿＿＿＿＿＿＿＿＿＿＿＿＿＿＿＿＿＿＿＿＿＿＿＿＿＿＿＿

您能夠完成以上的小練習來分析一次屬於自己的焦慮經驗嗎？填寫期間有沒有遇到困難？若有的話，您除了可以參考前面阿詩的例子，還可以跟您的守護天使討論一下，看看他／她是否可以給您一些意見呀！

如果您能夠順利完成以上的練習，說明您已掌握了初步的自我分析

技巧，當下次遇到類似使您感到焦慮的生活處境時，您不用再單單感嘆一句「我怎麼了？」，您還可以通過以上的分析方法，辨識出使您焦慮的**引發事件**，並找出自己在**情緒、身體、行為**和**思想**幾方面，對該引發事件所產生的反應。

不過，這仍未足夠；雖然通過以上的分析，您對自己的焦慮經驗有了更多瞭解，但這並不表示您經已能夠克服它。要克服焦慮的情緒，我們必須知道負面情緒、身體反應、行為反應和思想反應之間的關係——究竟它們之間是怎樣相互影響呢？只有這樣，我們才能得出正確的判斷，從而**對症下藥**！

因此，在未曾**開出藥方**之前，讓我們再以阿詩的個案來瞭解負面情緒、身體反應、行為反應和思想反應，在焦慮中扮演着怎樣的角色。

三　焦慮情緒是如何產生和運作的？

負面思想與焦慮的關係

個人身處於不同的生活環節中所產生的焦慮，其實始於當事人自己的想法。泛焦慮或社交焦慮患者，都很在意別人的眼光，正因如此，她們亦會十分留意自己的行為表現，並常常為這些表現作自我評估。

即是説，焦慮患者會時常扮演一個「觀察者」的角色，從而評核自己在有關的生活環節中的表現。而且，他／她們比較傾向於從負面的角度去評估自己的行為表現。以**認知理論**而言，焦慮者的自我形象，有一種扭曲的想法：**即使事情未必如他／她們所想一般糟糕（甚至有一些值得自我欣賞的地方），他／她們仍會傾向負面地看自己的行為表現，亦傾向相信別人會同樣負面地評估自己。**

其實，他／她們在思考的過程中：

(1) 高估了事情的嚴重性；

(2) 低估自己的應付能力；及

(3) 只片面和錯誤地選擇了一些所謂「危險」的部分，而沒有正確的

分析該事件的嚴重性。

　　這等偏差的思想反應，我們稱之為「思想陷阱」；即發生事情後第一時間出現的負面想法，令我們對身邊事物的理解出現偏差及誤解。從認知治療的角度來看，這些思想陷阱令當事人在面對問題時會作出扭曲實況的現象。不過，這些思想陷阱的出現，往往跟當事人一些牢固的思想規條有關，而這些思想規條又與他們怎樣去評價自己有着密切的關係。譬如：一位患者會覺得**考試如果拿不到九十分以上，家人就會看不起自己**。又或者，作為一位員工**與老闆同事相處，要面面俱圓、話頭醒尾，不可以有半點焦慮、緊張**的表現。若他擁有這些思想規條，當達不到這個要求或身處類似的情境時，就會因為自己的思維想法而大為緊張、惴惴不安了。

　　不幸地，他們在類似的生活環節上越是緊張，便越是無法冷靜地處理事情及好好表現自己。結果，他們在表現失準的情況下，更覺得自己沒有能力正常地與別人交往，甚至會越來越懷疑及貶低自己的能力。最後，當這個惡性循環繼續下去，當事人便開始作出一些**保護行為**及**逃避行為**。

　　既然知道負面思想對我們情緒、身體及行為，均有重大的影響，那麼就讓我們詳細一點，看看負面思想如何帶來情緒、身體和行為等各方面的反應。根據一些推行認知治療的學者認為，患有焦慮的人士，其思想謬誤主要來自兩方面。

　　(1) **思想陷阱**　這是個人在面對壓力時出現的即時想法。不少受到情緒困擾的人士都會出現一些思想陷阱，如「攬晒上身」（諉過於己）、「非黑即白」、「打沉自己」（自怨自艾）及「妄下判斷」等。這些思想陷阱，使個人在思想的過程中把事件的真確性扭曲了，因而作出了錯誤的判斷。試想，一位老闆就某員工的工作表現作出一些評語，該員工事後說：「為何我會將所有事情都搞得亂七八糟！」但實際情況可能是：**他只犯了一個小錯誤，但卻能順利並按時完成所有工序**。以此為例，我們可以看到該員工已墮進「非黑即白」這個思想陷阱了。不少思想陷阱都是個人從小時候透過經驗學習得來的，故此，某些思想陷阱會

不斷地在個人身上重複出現。

(2) **思想規條**　這是個人從小透過經驗學回來的一些僵化或不理性的準則及假設,例如「無論我做什麼事情,都是因為有其他人在場才能成事」或「無論我如何努力嘗試,我都不可能做到」。這些不理性或僵化的思想規條及假設會影響我們在生活中所抱持的態度,倘若這些僵化或不理性的思想規條及假設在現實生活中主導了個人的處事態度及行為,便會產生情緒困擾的問題。跟思想陷阱一樣,不良的思想規條亦會不斷在個人身上重複地出現。

思想規條是一種相對比較基礎和根深蒂固的認知元素,思想陷阱卻是源自思想規條衍生出來的產品。

當身處不同的生活環節時,我們很容易基於這些習以為常的思想規條,不經意地繁衍出形形色色的思想陷阱。這些思想陷阱又會自然地令我們從**負面的角度去評估自己的行為表現**。最後,如前文提到,負面的評估帶來**焦慮的情緒**,亦引起各種**不良的行為和身體反應**,而這些負面的行為和身體反應亦可掉過頭來,使我們更加焦慮和恐懼。情況就如下圖所闡釋的一樣:

焦慮與負面思想

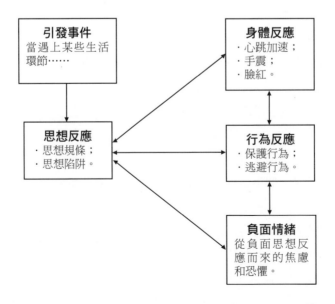

為了加深您對上頁一圖的理解，我們試以阿詩的個案作為例子。

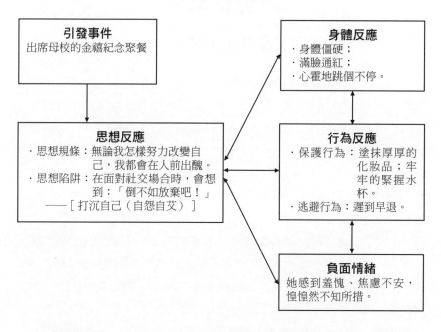

您或許會問：就算知道以上所講有關思想和焦慮的關係，我又可以怎麼辦呢？

不用擔心，從第五個單元開始，我們會集中探討「思想陷阱」和「思想規條」兩個課題，亦會學習**五常法**的技巧（對於自己的思想陷阱和思想規條作出反省、反駁及修正）。例如，本手冊會教導您認識**思想陷阱類型的辨識**、**思想驗證技巧**（即鼓勵讀者在現實環境裡，嘗試驗證其想法的真確性）、**取代想法技巧**（即找出另一個較合理的想法來解釋個人的經驗或遭遇）等。因此，暫時我們只需大概瞭解負面思想和焦慮的關係便可以了。

四　習作──負面思想與焦慮的關係

為了加深您對上述關係的認識，請您再做一次練習。還記得阿健嗎？現在就以他的個案作為例子，看看扭曲的思維如何帶來焦慮的情緒：

阿健記事簿

燒烤同樂日

　　阿健與太太應邀參加朋友的燒烤活動，為了能如期出席聚會，他一早便安排當天將子女送到父母的家中，讓他們代為照顧。但剛踏出家門就聽到電話鈴聲響起，回頭接聽電話後又將錢包忘記在電話機旁沒有取走，前前後後令他遲了大半小時才到達聚會地點。

　　為了今次約會阿健一早已作好安排，但最後仍是免不了要遲到，這點令他不快外，匆匆趕來也弄得滿頭大汗，剛巧一位朋友此時趨前跟他說笑：「哎喲，好大的架子，老友聚頭也要遲到！難道還要三催四請他肯現身？」阿健聽後心內叫苦：「我不是說過今次的聚會千萬不要遲到嗎！你看，稍為遲了一點已被朋友用冷言冷語嘲弄，弄得我在大伙兒面前出醜。」一想到這裡，旋即全身炙熱、滿臉通紅，周身肌肉繃緊。他別過頭不作出回應，心情更加沮喪及煩躁不安。太太見他面泛不悅，唯有好言相勸，解釋別人可能只是說笑而矣，但他堅持自己的想法。

　　燒烤時，雖然大家有說有笑，阿健卻因剛才朋友的一番話心裡始終有個疙瘩，他把問題越想越嚴重，腦海不停糾纏著同一個問題。坐在對面的一位朋友想跟他打招呼，但見他心神恍惚，說話有一搭沒一搭，便沒有與他閒扯下去。太太見他心不在焉，便提醒他：「剛剛別人跟你說話，你卻未有回答。」被太太這麼一說，他又羞愧起來；「我竟會這般失儀，他必定以為我囂張，所以才沒有回答。我的到來反而使自己的形象弄得更糟！」他沮喪不已，心裡如熱鍋上的螞蟻，焦躁難耐，同時有點倒胃想嘔的感覺。阿健不肯再勾留片刻，決定提早回家。

　　請細閱「阿健記事簿」之「燒烤同樂日」，試找出並寫下兩項令阿健產生焦慮情緒的事件，然後依下表作出分析。我們會隨後為您提供答案參考。

事件一：＿＿＿＿＿＿＿＿＿＿＿＿＿＿＿＿（引發事件）

• ＿＿＿＿＿＿＿＿＿＿＿＿＿＿＿＿＿＿（思想反應）

• ＿＿＿＿＿＿＿＿＿＿＿＿＿＿＿＿＿＿（行為反應）

• ＿＿＿＿＿＿＿＿＿＿＿＿＿＿＿＿＿＿（身體反應）

• 心情更加沮喪及煩躁不安- - - - - - - - - - - - - - - - - - -（情緒反應）

▶ 以您的理解，在芸芸反應中，哪一項才是導致阿健陷入「負面情緒」的主因呢？

▶ 我覺得＿＿＿＿＿＿＿＿＿＿＿是影響阿健負面情緒的關鍵。

請看以下是「阿健記事簿」之「燒烤同樂日」的答案，是否跟您填寫的也一樣呢？

事件一： 參加朋友燒烤活動時遲到，朋友開玩笑
說他架子大所以遲到。＿＿＿＿＿＿（引發事件）

• 覺得朋友嘲笑他，弄得他在大伙兒面前出醜。（思想反應）

• 別過頭不作出回應。＿＿＿＿＿＿（行為反應）

• 全身炙熱、滿臉通紅，周身肌肉繃緊。（身體反應）

• 心情更加沮喪及煩躁不安- - - - - - - - - - - - - - - - - - -（情緒反應）

▶ 以您的理解，在芸芸反應中，哪一項才是導致阿健陷入「負面情緒」的主因呢？

▶ 我覺得＿＿**思想反應**＿＿影響阿健的負面情緒最重要。

事件二：＿＿＿＿＿＿＿＿＿＿＿＿＿＿＿＿（引發事件）

• ＿＿＿＿＿＿＿＿＿＿＿＿＿＿＿＿＿＿（思想反應）

• ＿＿＿＿＿＿＿＿＿＿＿＿＿＿＿＿＿＿（行為反應）

• ＿＿＿＿＿＿＿＿＿＿＿＿＿＿＿＿＿＿（身體反應）

• 阿健如熱鍋上的螞蟻，焦躁難耐。- - - - - - - - - - - - - -（情緒反應）

▶ 以您的理解，在芸芸反應中，哪一項才是導致阿健陷入負面情緒

的主因呢？

　　▶▶ 我覺得＿＿＿＿＿＿＿＿＿＿＿是影響阿健負面情緒的關鍵。

　　以下是「事件二」的答案：

事件二： ＿燒烤時朋友跟他打招呼，阿健沒有即時	
作出回應。＿＿＿＿＿＿＿	（引發事件）
● ＿覺得自己態度失儀，參加聚會反而使自己的形象	
弄得更糟。＿＿＿＿＿＿＿＿	（思想反應）
● ＿心神恍惚，説話有一搭沒一搭；不肯再勾留片刻，	
決定提早回家。＿＿＿＿＿＿	（行為反應）
● ＿有點倒胃想嘔的感覺。＿＿＿＿	（身體反應）
● 阿健如熱窩上的螞蟻，焦躁難耐- - - - - - - - - - - - - - -	（情緒反應）
▶ 以您的理解，在芸芸反應中，哪一項才是導致阿健陷入「負面情緒」的主因呢？	
▶▶ 我覺得＿**思想反應**＿影響阿健的負面情緒最重要。	

　　從以上分析看到，在芸芸反應中，思想反應是導致負面情緒最重要的一環。

　　同一件事情以不同的角度去理解，結果可以很不一樣。我們試以上述相同的事件，從正面的角度來作一個比較，看看結果會如何？請您先嘗試填寫，隨着再説出我們的見解。

正面的思想反應

　　事件一：參加朋友燒烤活動時遲到，朋友開玩笑説他架子大所以遲到。（**引發事件**）

　　● ＿＿＿＿＿＿＿＿＿＿＿＿＿＿＿（**思想反應**）

- _____（行為反應）
- _____（身體反應）
- _____（情緒反應）

請看看我們的見解：

事件一： 參加朋友燒烤活動時遲到，朋友開玩笑說他架子大所以遲到。	（引發事件）
• 同事只是説説笑，我根本沒有理由作出無謂的揣測。	（思想反應）
• 跟同事解釋遲到的原因，並留下來跟大家閒聊。	（行為反應）
• 全身炙熱、滿面通紅的感覺慢慢消退，肌肉也開始鬆弛下來。	（身體反應）
• 整個人自然地輕鬆起來。	（情緒反應）

可以看到，阿健若換轉一個角度去看問題，那麼，行為、身體、情緒等反應亦會隨之有所不同。現在，請再多做一個練習。

事件二： 燒烤時，朋友跟他打招呼，阿健卻沒有即時作出回應。（引發事件）

- _____（思想反應）
- _____（行為反應）
- _____（身體反應）
- _____（情緒反應）

同樣，當阿健在「事件二」中再從另一個不同的角度去看問題時，其行為、身體、情緒等反應亦會有所轉變。再看我們的見解：

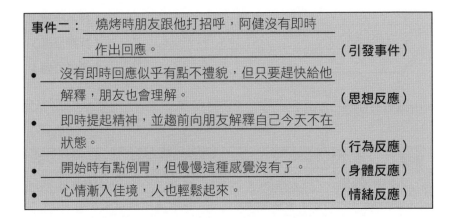

正如上文所述，處於不同的生活壓力或社交場合中，如果您只有負面的想法，便會很容易墮進思想陷阱，覺得自己或是在他人心目中的表現都十分差勁，這自然會產生焦慮。除了有負面的情緒外，隨之而來會有負面的身體及行為反應，凡事總往壞處想，情緒也跟着轉壞。若從正面去理解事件，情緒便會截然不同的了！

五　焦慮與日常生活壓力的關係

無可否認，一個人感到焦慮，除了跟他／她的思想有關，亦跟他／她的生活模式有關連。每個人都有多方面的需要，而均衡生活正反映我們生活上的不同需要，例如我們需要以工作賺取金錢維持生活外，我們亦需要與家人或朋友相聚，以建立穩定及親密的人際關係。當我們的生活太偏重於某一方面時，便很容易會帶來不同的問題或沉重的壓力（例如情緒不穩、脾氣暴躁、生活苦悶、身體健康欠佳，甚至情緒疾病等），而這些壓力使我們的身體及情緒長期處於緊張的狀態。這種長期緊張的狀態，亦會使我們容易在生活上感到焦慮。

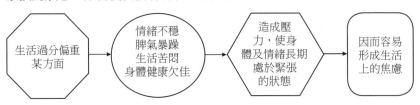

相反，如果我們的生活長期處於均衡狀態之中，日常生活壓力得以大大減輕，便會有充裕的體力和精力去面對各種生活處境。因此在第九單元，我們會更深入討論如何減輕日常生活的壓力和建立輕鬆的生活模式，以減輕焦慮的程度。

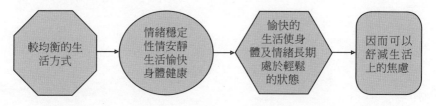

六　小結

從本單元中，我們得知：

* 在面對不同的生活壓力或社交場合時，我們的思想、行為、身體及情緒都會出現一些**慣常**的反應，而這些反應往往會使我們處身其間時情緒變得異常焦慮。

* 若要改善這情況，我們便要懂得：辨認出引發焦慮的事件，分解出哪些是習以為常的負面或不良反應。

* 在眾多反應中，負面思想最能影響個人的情緒，同時會帶來不良的身體和行為反應。因此，若要消除泛焦慮或社交焦慮，便需要重整我們的思想模式。

在下一個單元裡，我們會讓您先學習如何自我分析個人的焦慮經驗，待裝備好自己之後，再迎接其他單元的挑戰！

第四單元

情緒起伏
背後的因由

本單元學習目標

(1) 希望透過本單元，讓您嘗試接觸自己的情緒，學習如何去分析自己的情緒變化，瞭解自己情緒變化背後的原因；

(2) 學習使用「身心思維自我分析表」來瞭解自己慣性的負面及不良反應。

阿詩記事簿

假日

　　在工作上，阿詩感到很大的壓力，她總覺得跟同事格格不入，無法與他們輕鬆自然地交談，所以如非必要，她決不會先開口跟同事說話，同事見她對人不瞅不睬，閒時也不會跟她聊天，以致工作上她總覺得自己孤立無援。

　　閒暇時，她同樣很難輕鬆地跟人交往，阿詩的假日，每每都是躲在家中度過，她沒有約會同事、朋友；就算朋友相約，她也會斷然拒絕，害怕一旦答應了，那些焦慮、害怕的情緒又會向她侵襲。她越來越沮喪，害怕這輩子會長此以往下去。

　　阿詩也希望有自己的社交圈子，只是每當想起要跟別人相處時，便會渾身不自在，心裡起疙瘩，這些現象教她不敢約會朋友或應邀赴約，但她有點不甘心：「我還年輕呀，難道就這樣過日子嗎？」阿詩希望有些方法可以幫助自己去克服與人相處的問題：「是否有些什麼方法可以幫助我去改善現時的狀況呢？我的生活是否可以過得好一點呢？」

一　情緒溫度計

您對自己的情緒及身體狀態有多少瞭解呢？我們希望透過「情緒溫度計」這個練習：

● 讓您嘗試瞭解自己的情緒指數，並認清哪個指數是自己情緒失控的警戒線。

● 讓您嘗試接觸自己的情緒，學習如何去量度自己的情緒變化，以及瞭解變化背後的原因。

1. 您的情緒指數

請回顧過去一星期您的情緒狀況，然後在「情緒溫度計」中圈出您的平均情緒指數：

▌情緒溫度計

您的「情緒指數」走勢是（0分是情緒非常差，10分是情緒非常好）

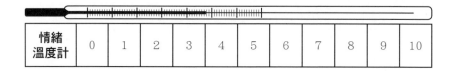

情緒溫度計	0	1	2	3	4	5	6	7	8	9	10

● 量度了過去一星期的情緒指數後，您認為是什麼原因導致您有上述的情緒指數呢？

● 是否您的思想、行為，還是身體變化令到自己如此焦慮和不快呢？

● 讓您在情緒起伏時能利用這個情緒溫度計來瞭解自己的情緒。同時，您還要問問自己：「我的情緒是否已到了失控的警戒線呢?」**即是一個人的情緒降至某個指數時，再也無法控制自己的情緒，如洪水崩堤一般，一發不可收拾。**

● 您或許暫時還未找到這個警戒線的情緒指標，但請多留意自己的情緒起伏，我們相信您定能找得到。

● 如您對「情緒溫度計」尚有疑問，可參考本單元最後一節的補充資料，能助您更有效地掌握這個練習。

2. 這刻的情緒指數

現在，先來一個簡單的小練習，您這刻的情緒指數有多少呢？0-10分，您會給自己多少分呢？請在下表中圈出您的答案。

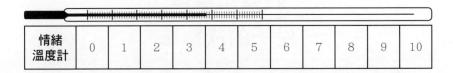

| 情緒溫度計 | 0 | 1 | 2 | 3 | 4 | 5 | 6 | 7 | 8 | 9 | 10 |

是什麼原因使您在這一刻有上述的情緒指數呢？請寫下您即時的想法，我們在下一節會利用「身心思維自我分析表」去協助您增加對自己的認識。

這刻影響您情緒指數得分是由於：＿＿＿＿＿＿＿＿＿＿＿＿＿＿

＿＿＿＿＿＿＿＿＿＿＿＿＿＿＿＿＿＿＿＿＿＿＿＿＿＿＿＿＿＿

＿＿＿＿＿＿＿＿＿＿＿＿＿＿＿＿＿＿＿＿＿＿＿＿＿＿＿＿＿＿

二　身心思維自我分析表

● 您要盡早找出引致自己的情緒指數欠理想的背後原因，除了可協助您擺脫焦慮情緒的纏繞外，亦可避免日後重蹈覆轍以致泥足深陷。「身心思維自我分析表」可以幫助自己找出個人情緒起伏的因由。

● 當您有更多機會利用這個表來分析自己的思想、行為、身體及情緒反應時，您便會看到自己的一些習慣性的負面及不良反應。

● 身心思維自我分析表的內容，是根據您過往一星期所發生的事情，填寫幾件令您在「情緒溫度計」中得分較低的事情，然後加以分

析。內容其實跟上一單元所學習過的十分類似，可分為：**引發事件、思想反應、身體反應、行為反應及情緒反應。**

　　這環節是本課題的一個重要部分，所以在日後的練習中仍會出現，內容將隨每單元課題的重點而加以調整。

1. 阿健的「身心思維自我分析表」

　　現在，請先看阿健的例子。

阿健記事簿

兒子的成績單

　　阿健剛放工回家，兒子便遞上學期考試的成績單。阿健一直很着緊兒子的成績，今回見到他的成績雖然沒有退步，但亦沒有進步，每學科都只是剛好合格而已，尤其是英文科只得60分。他眉頭緊皺地對兒子說:「你總是不聽我的話，如果你肯聽我的話將看電視的時間用來讀書，成績怎會毫無進步!」兒子毫不退讓地說:「其實我已經盡了力，本來我讀書的資質就是這樣，無論花多少時間在書本上，也不見得會有多大進步。」

　　阿健本來已經為兒子的成績不開心，再聽他為自己申辯，更是火上加油，憤然將成績單用力擲落枱面，厲聲責罵起來:「自己有錯還要狡辯，現在不打好基礎，將來如何升讀大學，上不了大學將來還會有前途嗎?」阿健此時心跳又開始加速，滿臉通紅、肩膊繃緊。今趟兒子沒有反駁，由阿健獨自罵去，他只得頹然坐下，心想:「我要他讀書也只是為他將來設想，他卻越大越不聽話，將來肯定是忤逆子。」一旦想到以後的日子，他心情不禁直往下沉，覺得十分沮喪和不安。太太見他呆坐着，便勸他到外面走走，阿健聽從太太的勸告到附近的公園走了一圈，讓人平靜下來才回家吃飯。

　　阿健已開始學習使用「情緒溫度計」和「身心思維自我分析表」來瞭解自己。

　　首先，阿健圈出了此刻自己的情緒指數（2分）。

| 情緒
溫度計 | 0 | 1 | ② | 3 | 4 | 5 | 6 | 7 | 8 | 9 | 10 |

跟着，他為自己做了一次「身心思維自我分析表」，請您先行替他
填寫，然後再看他寫下的答案。

阿健的「身心思維自我分析表」

引發事件（一）：＿＿＿＿＿＿＿＿＿＿＿＿＿＿＿＿＿＿＿

＿＿＿＿＿＿＿＿＿＿＿＿＿＿＿＿＿＿＿

思想反應：＿＿＿＿＿＿＿＿＿＿＿＿＿＿＿＿＿＿＿＿＿

身體反應：＿＿＿＿＿＿＿＿＿＿＿＿＿＿＿＿＿＿＿＿＿

行為反應：＿＿＿＿＿＿＿＿＿＿＿＿＿＿＿＿＿＿＿＿＿

情緒反應：＿＿＿＿＿＿＿＿＿＿＿＿＿＿＿＿＿＿＿＿＿

他如何處理：＿＿＿＿＿＿＿＿＿＿＿＿＿＿＿＿＿＿＿

＿＿＿＿＿＿＿＿＿＿＿＿＿＿＿＿＿＿＿

下面是阿健的答案：

阿健的「身心思維自我分析表」

引發事件（一）：　兒子考試的成績不理想。

思想反應：　他覺得兒子越大越不聽話，以後肯定會變成忤逆子。

身體反應：　心跳開始加速，滿臉通紅，肩膊繃緊。

行為反應：　憤然將成績單用力擲落枱面，厲聲責罵兒子。

情緒反應：　心情直往下沉，覺得十分沮喪和不安。

他如何處理：　聽從太太的勸告到附近的公園走了一圈，讓人平靜下
來才回家吃飯。

2. 您的「身心思維自我分析表」

現在，請您回顧過去一星期有哪些生活處境曾令您產生焦慮，然後選取其中三項使您最感焦慮的事件寫在下面。若一時間想不起來，可以翻閱上一單元的「焦慮排行榜」，參考榜上名單，看看是否有類似的事件在這個星期發生過。

▶ 過去一星期，您的「情緒溫度計」平均指數：＿＿＿＿＿＿＿＿

身心思維自我分析表

引發事件（一）：＿＿＿＿＿＿＿＿＿＿＿＿＿＿＿＿

＿＿＿＿＿＿＿＿＿＿＿＿＿＿＿＿＿＿

思想反應：＿＿＿＿＿＿＿＿＿＿＿＿＿＿＿＿＿＿

身體反應：＿＿＿＿＿＿＿＿＿＿＿＿＿＿＿＿＿＿

行為反應：＿＿＿＿＿＿＿＿＿＿＿＿＿＿＿＿＿＿

情緒反應：＿＿＿＿＿＿＿＿＿＿＿＿＿＿＿＿＿＿

您如何處理：＿＿＿＿＿＿＿＿＿＿＿＿＿＿＿＿

＿＿＿＿＿＿＿＿＿＿＿＿＿＿＿＿＿＿

（如對填寫這部分有疑問，可以參考上一單元的第一節至第三節，看看是否對您有所幫助？）

引發事件（二）：＿＿＿＿＿＿＿＿＿＿＿＿＿＿＿＿

＿＿＿＿＿＿＿＿＿＿＿＿＿＿＿＿＿＿

思想反應：＿＿＿＿＿＿＿＿＿＿＿＿＿＿＿＿＿＿

身體反應：＿＿＿＿＿＿＿＿＿＿＿＿＿＿＿＿＿＿

行為反應：＿＿＿＿＿＿＿＿＿＿＿＿＿＿＿＿＿＿

情緒反應：＿＿＿＿＿＿＿＿＿＿＿＿＿＿＿＿＿＿

您如何處理：＿＿＿＿＿＿＿＿＿＿＿＿＿＿＿＿

＿＿＿＿＿＿＿＿＿＿＿＿＿＿＿＿＿＿

引發事件（三）：＿＿＿＿＿＿＿＿＿＿＿＿＿＿＿＿

＿＿＿＿＿＿＿＿＿＿＿＿＿＿＿＿

思想反應：＿＿＿＿＿＿＿＿＿＿＿＿＿＿＿＿＿＿

身體反應：＿＿＿＿＿＿＿＿＿＿＿＿＿＿＿＿＿＿

行為反應：＿＿＿＿＿＿＿＿＿＿＿＿＿＿＿＿＿＿

情緒反應：＿＿＿＿＿＿＿＿＿＿＿＿＿＿＿＿＿＿

您如何處理：＿＿＿＿＿＿＿＿＿＿＿＿＿＿＿＿

＿＿＿＿＿＿＿＿＿＿＿＿＿＿＿＿

★ 情緒詞彙

為了協助您更容易說出自己的感受，下面歸納了一些形容情緒的詞彙，希望有助您的表達。

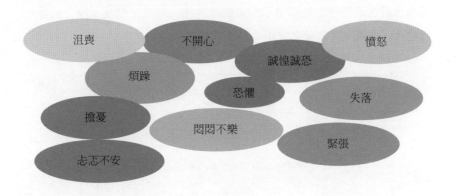

三 嘗試尋找自我放鬆的機會

還記得嗎？在上一單元裡，我們曾經提過，要克服日常生活上的焦慮，除了改變自己的思想，亦要建立一個積極及均衡的生活方式，不要讓平常的生活壓力把您壓垮了，如果不從繁雜的生活壓力下稍為放鬆和釋放自己，就會讓自己終日陷於負面的思想及情緒中了！所以，在本環節，您要花些時間去尋找一些讓自己放鬆的活動。在未來的幾個星期

中，請嘗試找機會做一些令自己舒服、輕鬆的事情。現在，就讓大家先來做一個練習吧！

　　以下有一個「**鬆一鬆！行動表**」，請您先設計十項能讓自己放鬆的活動。不同的活動可帶來不同程度的鬆弛，有些可能會讓您全面放鬆（如到歐洲旅行一個月），有些則稍為放鬆一點點（如周末到海灘游水）；另外，有些活動會比較容易完成，有些要達成的機會可能較低。但不要緊，您可以先寫下來：今天辦不到，不表示明天辦不到！

　　在左方欄，請您填上活動內容，右方欄則填上能完成該項目的信心指數（以百分比表示）。下面是阿詩的例子：

1. 阿詩的「輕鬆行動表」

　　阿詩希望改善自己的生活質素，更希望為自己的生活多添樂趣及擴闊自己的生活圈子，她參考了別人的意見後，為自己制定了以下的輕鬆行動表，可供大家作參考之用：

		活動項目	完成活動的信心指數
完全放鬆	10	與朋友一起往國外旅行	5%
	9	參加瑜珈班	10%
	8	參與朋友舉辦的定期登山步行	20%
	7	約幾位朋友去參加一日遊	30%
	6	約兩位朋友看電影	40%
	5	約兩位朋友聽音樂會	50%
	4	約一位朋友喝下午茶	60%
	3	約一位朋友聽音樂會	70%
	2	假日時自己外出喝下午茶	80%
短暫放鬆	1	假日時自己外出逛街	90%

阿詩除制定了上述的行動表後，還為自己定下實踐的具體計劃，她選取最有信心完成的一項作為未來一星期的行動目標：

活動：星期日到附近的商場逛逛，然後再到公園散步去。	
日期： 2007年5月6日	時間： 下午3時

2. 您的「輕鬆行動表」

現在輪到您了！不用急，慢慢想清楚才填寫，即使多花點時間也不打緊。

鬆一鬆！行動表

		活動項目	完成活動的信心指數
完全放鬆	10		
	9		
	8		
	7		
	6		
	5		
	4		
	3		
	2		
短暫放鬆	1		

現在想一想：在未來一星期內，您打算完成上表的哪一項行動呢？

活動：	
日期：	時間：

但願您下星期打開這本手冊時，已完成上述的活動！

四　小結

● 影響情緒的因素可分為環境因素及個人因素，若果個人因素有所改變（例如將您某些負面的思想改為正面的思想），您認為上星期的情緒指數是否會有所改變呢？

● 我們較容易控制個人因素而較難控制環境因素。所謂捨難取易，若要改善情緒，我們最好學習如何掌握及改變個人因素，學懂適應環境因素。

● 從下一單元開始，我們就會開始學習如何改變個人因素，尤其是作出思想方面的轉變！

五　補充資料

「情緒溫度計」知多一點點

「情緒溫度計」這個技巧，主要是協助您瞭解此時此刻的焦慮狀況及其成因。透過情緒溫度計的練習，您可以警覺到自己的情緒變化。焦慮情緒的指數一般由0至10，0代表心情極差，10代表心情非常好。

除此之外，情緒溫度計還有其他用途，透過情緒溫度計的練習，您可檢視一下自己在過去一星期的焦慮狀態。如有任何改變，您可以回顧之前的種種環境及個人的行為或思維因素，並探討這些因素如何影響您的情緒變化。當情緒改變是正面的時候，您可繼續保持這些適當的行為及想法；但倘若您的情緒改變是負面的話，您要思考在未來一星期裡，怎樣提升自己的正面情緒。

再者，從這個溫度探測中，您可以嘗試找出自己的焦慮情緒警戒線。所謂「情緒警戒線」是指焦慮情緒失控的缺口。當您察覺自己的情緒臨近這個缺口時，便要立即提醒自己去做一些事情（例如：深呼吸，放鬆自己）或停止做某些負面行為（例如：持續用力緊握水杯）。當然，您未必能在短時間內找到這條「警戒線」。但不要緊，您只要多練習，並時常向自己提問：「我焦慮的情緒指數到了哪個分數便會開始失控呢？」

第五單元

思想陷阱
與情緒的關係

本單元學習目標

(1) 透過本單元，讓您認識及分辨思想反應裡的思想陷阱；
(2) 認識思想陷阱是如何影響及困擾我們的情緒。

阿詩記事簿
舊同學聚會

為了配合本單元的課題，請再重溫一次阿詩參加舊同學聚餐時的場景：

　　抵達時，聚餐的時間已差不多，但阿詩還到附近的商場轉了幾個圈，拖延至最後一秒才步入會場。會場內見到很多校友正在彼此寒暄，正躊躇着往哪邊走，眼角瞥見遠處一位女士正在上下打量她，阿詩的身體一下子就僵硬起來，心想：「今天自己的樣子太憔悴了，加上這身衣著也委實很土，她肯定是在譏笑我。」她隨手從枱面拿起一杯飲品並牢牢的捧在雙手裡，她害怕自己會出什麼洋相，心裡頭緊張又忐忑，所以差不多將全身的力氣都放在雙手上。不料她越想平穩地拿着水杯，雙手卻顫抖得越厲害，甚至連飲料也抖了出來，灑落了一身，阿詩頓時窘得滿臉通紅，覺得全世界的眼睛都望向她。「哎呀，我就是這樣什麼事也做不好，他們都在交頭接耳，必定在議論我的醜態。」她慌張得也不動手去拭乾弄濕了的衣服，怕身體稍動會更加惹人注意，而心裡頭就像繫了千百塊石頭，直往下沉。

　　一位以前很要好的同學趨前跟她打招呼，她不但沒有回應，也不敢望向同學，心霍地跳個不停，同學見她不理睬自己也就怏怏然地走開。阿詩心裡委屈的想：「唉，我真不該到來，我這樣笨手笨腳，來這裡只會出醜，自暴其短，連最好的同學也不留下來陪我。從此，休想她再瞧得起我。」她感到羞愧、焦慮不安，惶惶然不知所措，趁着還未正式入席便悄然離去。

　　「究竟我怎麼了？」阿詩一邊坐車回家，一邊在想：「為什麼我樣樣不如人？為什麼上天如此不公平？」

一　一周檢查

在未開始進入本單元的練習前，先想問問您：過去的一星期裡，您有否完成一項讓自己「鬆一鬆」的行動呢？請根據您的個人經驗填寫下表：

行動內容：	
您**有**完成這項活動	您**沒有**完成這項活動
您的感覺如何？＿＿＿＿＿＿＿ ＿＿＿＿＿＿＿＿＿＿＿＿＿ 是否可短暫減低您的焦慮？ 是／否 原因：＿＿＿＿＿＿＿＿＿＿ ＿＿＿＿＿＿＿＿＿＿＿＿＿ ＿＿＿＿＿＿＿＿＿＿＿＿＿	沒有完成的原因：＿＿＿＿＿＿ ＿＿＿＿＿＿＿＿＿＿＿＿＿ ＿＿＿＿＿＿＿＿＿＿＿＿＿ ＿＿＿＿＿＿＿＿＿＿＿＿＿ ＿＿＿＿＿＿＿＿＿＿＿＿＿

二　思想反應

所謂「思想反應」，是我們對事物的一些判斷及看法。這些「反應」是自幼受到家庭（家人的處事方式、對自己的評價）、社交生活及社會氣氛所影響，並逐漸累積而成的。例如：

　　這麼多年來建立的思想反應，使我們在面對生活上某些處境時便不自覺地浮現出來，並影響到我們的判斷。這些判斷有時合情合理，但有時卻只反映片面和不準確的現實。然而，只要透過自我反省，我們仍可以重新建立和學習一些正面、良好的思想反應。

　　當我覺得自己説話失卻分寸，其他人便會一直鄙視我時，我應該先停下來反問自己：「這種想法是否真確呢？它跟現實相符嗎？」然後再嘗試找出事情的真相。

　　但要做到這一點卻並不容易，大家或會認為是當局者迷，很難即時察覺自己的想法，平伏自己的情緒。因此，我們須循序漸進，首先應：

- 留意自己的情緒起伏；（可先用**情緒溫度計**來探探熱！）
- 瞭解自己的思想形態。

三　思想陷阱

　　説到陷阱，當然是一些不好的東西。簡單來説，「思想陷阱」就是一個地洞，它是由您的慣有思想挖掘而成。若您不留神或不小心，不自覺地以慣常的一些負面或不良思維方式去判斷某些人和事，那麼，您就會跌進自己的思想陷阱裡。請看以下例子：

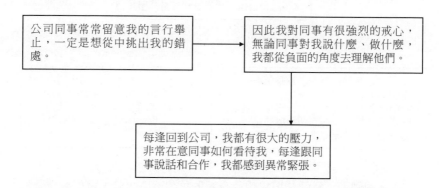

　　這個例子的第一環——「公司同事常常留意我的言行舉止，一定是想從中挑出我的錯處」，其實已是一個思想陷阱。思想陷阱由我們慣有

的思想衍生而成，我們若不改變這類思想反應，便不能走出思想陷阱。

　　我們從這個例子可以看到，思想陷阱與我們情緒的關係——由於一開始，「我」的即時想法已經是「負面」，很自然亦帶出一連串的擔憂和緊張，擺脫不了負面情緒的困擾。

　　其實，我們在理性上都明白，在大多數情況下，同事望我們一兩眼、向我們做一兩個動作表情，是每一天都會發生的事情，並不一定就懷有惡意；但每當我們遇上這些情況時，卻總是不由自主地作出負面和片面的判斷，結果慢慢墮入惡性循環中。**如果我們不改變這種思想習慣，跳出思想陷阱，我們便不可能脫離負面情緒的困擾。**

　　請再看以下例子：

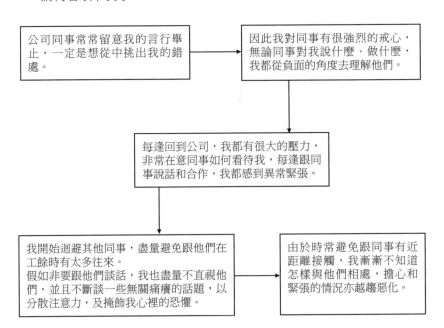

　　從這個例子，我們知道思想反應裡的思想陷阱，除了會引致負面情緒外，還會帶來負面的行為反應，這包括了我們在第二節中提及的**逃避行為**（在工餘時間，「我」逃避跟同事接觸）和**保護行為**（「我」與同

事談話時，不與他們作眼神接觸，並只談一些無聊話題）。

這些負面的行為反應，亦反過來使「我」的焦慮越來越嚴重，形成一個惡性循環；我們從這例子可以清楚看到：**這個惡性循環是始於思想陷阱。**

既然思想陷阱在焦慮情緒中扮演一個如此重要的角色，或者我們現在該問：**究竟在我們思維中有哪些類型的思想陷阱呢？**

四　思想陷阱的類型

思想陷阱會以很多不同的形態，在不同的場景中出現，但為了讓您較容易明白，我們將它們分為以下九個類型：

- 攬晒上身（諉過於己）
- 非黑即白
- 大難臨頭
- 妄下判斷
- 貶低成功經驗
- 怨天尤人
- 感情用事
- 打沉自己（自怨自艾）
- 左思右想

您對上述的思想陷阱有多少認識呢？現在，先考考您對這些類型的理解吧！

以下是其中的一組例子：

- 如果我在別人面前説錯話，別人便「一定」不會喜歡我。
- 如果考不到一個學位，全家人都不會再理睬我、疼惜我。
- 我現在沒有工作，他們「一定」看不起我，「一定」不會跟我做朋友。

上述例句應歸類為：__非黑即白__

非黑即白：即「絕對化」思想，其意思是有些人看事情只有一個絕對的結果，不可能存在其他可能性。換句話說，這些人對事情的看法只有「是」與「不是」，「錯」與「對」，中間沒有灰色地帶。

現在，由您嘗試填寫。以下有八組句子，每一組句子都至少牽涉到上述其中一種的思想陷阱類型（但請記着，每個例子都可能有多於一種類型的思想陷阱）。當您做完這個練習後，我們會為您作出解答：

【第一組】

- 我真的該死，朋友遇上車禍都是我的罪過，要不是我約他出來這事情便不會發生，我害他受傷，現時還躺在醫院裡。

- 都是我不好，一早送錯文件惹得老闆生氣，連累所有的同事都要捱罵，難怪他們對我不瞅不睬。

- 家人腹瀉都是我連累的，要不是我提議上那個菜館晚膳，就不會害得他們食物中毒，拉肚子外還要入醫院。

上述例句應歸類為：＿＿＿＿＿＿＿＿＿＿＿＿＿＿＿

【第二組】

- 我寫的計劃書只是一般而已，他們讚我只不過是禮貌上的客套話！

- 今次宴會成功主要是節目安排精彩，我只是負責佈置場地，所以沒有什麼功勞可言。

- 同樂日搞得成功，全因為天公做美，當日的天氣非常好；要不是好天氣加上同學幫忙，我多努力也是徒然。

上述例句應歸類為：＿＿＿＿＿＿＿＿＿＿＿＿＿＿＿

【第三組】

- 他用這種眼神望我，一定是我剛才的工作令他十分不滿意，看來

他下一步就會向主管投訴，跟着主管會向我大發雷霆，顯然今次又要遭殃了。

- 剛才不慎弄破了同事的水杯，這是她男朋友送的，她肯定會很忿怒，還不知會怎樣報復哩！
- 老闆近來好像對我諸多挑剔，一定是對我的工作不滿意，想找藉口辭掉我，我沒有任何積蓄，日後的生活怎麼辦？

　　上述例句應歸類為：＿＿＿＿＿＿＿＿＿＿＿＿

【第四組】

- 事情一遇到阻滯就不自覺地認為：「我多努力也是徒勞無功，何必強求呢，無論怎樣我也不會做得好。」
- 事情還未開始便退縮：「我想，我還是辦不到，我哪有這個能力？」
- 事情稍為出了小問題就覺得：「我多不中用，永遠都是一個失敗者！」

　　上述例句應歸類為：＿＿＿＿＿＿＿＿＿＿＿＿

【第五組】

- 這位醫生看來很年輕，不用說，經驗有限，也不會對我的病有多大幫助。
- 每個人都好像談得興高采烈，卻沒有一位走過來跟我打招呼，看來他們都不希望我在這個場合出現。
- 餐廳的老闆跟其他客人有說有笑，但對我卻好像不大理睬，分明看不起我。

　　上述例句應歸類為：＿＿＿＿＿＿＿＿＿＿＿＿

【第六組】

- 今晚應否去參加同事的聚餐？若果我去，同事會怎樣看我？若然我不去，同事又會如何看我呢？去還是不去呢？

- 明天要由我負責做工作滙報，開始時應該先多謝同事合作，還是應該先報告工作進度？若然先多謝同事，老闆會不會誤會我在拉攏同事？若然先做工作滙報，同事會不會以為我獨領功勞？

- 我應該坐在現時這個位置上還是換個位置比較好呢？坐在這裡會否太顯眼，別人以為我在出風頭？但若然現在起身換個位置，別人又會否覺得我想惹人注意？

　　上述例句應歸類為：＿＿＿＿＿＿＿＿＿＿＿＿＿

【第七組】

- 今天的心情已經不在狀態了，若應邀赴約，會令心情變得更壞。

- 我不是不想參與朋友的喜宴，但我委實覺得心裡頭不舒暢，所以還是不出席為佳。

- 一早起來已經覺得心情欠佳，好像樣樣事情都不順暢，所以今天請不要跟我談任何事。

　　上述例句應歸類為：＿＿＿＿＿＿＿＿＿＿＿＿＿

【第八組】

- 這場球賽我已經盡了全力，但隊友多次失誤，球證又偏袒對方，令到我們輸掉獎牌，真的倒霉。

- 若不是出門時媽媽嘮嘮叨叨，我便不會誤了一班車，也不會害得我考試遲到，成績滑落。

- 我通宵達旦做了這份計劃書老闆也不懂得欣賞，他的腦袋真的有點問題，遇到這樣的老闆真是糟透了。

上述例句應歸類為： _____

你們已經填寫妥當，對嗎？那麼，請對照我們的答案。

【**第一組**】攬晒上身（諉過於己）：

即「個人化」思想；每當出現問題時，有這種思維的人往往把責任歸咎於自己身上，並認為是自己的錯。

這組例句說明無論發生什麼事情，在沒有分析事件的始末前，當事人總會先責難自己：

● 因為朋友赴「自己」的約會而遇上車禍，便將所有的責任歸咎於自己身上，而不去理會車禍的發生究竟是行人還是司機的問題，或是還有其他的原因？當事人只懂得內疚。

● 同事捱罵歸咎於「自己」送錯文件，沒有想過同事本身犯錯才會招致老闆的責罵。此外，也把同事的不理睬合理化，認為是由於自己做得不夠好。

● 認為因「自己」提議上那個菜館晚膳，才弄至家人腹瀉，是自己害得他們食物中毒；不管其實當時其他人也贊同這個提議，而且維持食物清潔也應該是菜館的責任。

長時期把問題歸咎於自己身上的人，又哪會感到快樂和平安呢？

【**第二組**】貶低成功經驗：

這些人總把成功的經驗歸因於別人的身上，認為不是自己的功勞。或是，覺得自己的成績只是僥倖，沒有什麼大不了，沒有體驗為自己努力所至。

這組例句說明我們不懂得欣賞自己的努力：

● 不懂得欣賞自己寫的計劃書，反而覺得他人讚賞只不過是禮貌上的客套話。

● 忽略了場地佈置也是成功宴會的元素之一，卻將功勞統統歸因於

安排節目的工作人員身上，沒有體會到自己也是成功元素的一分子。

● 覺得若不是當天風和日麗及得到同學的幫忙，就算自己多努力，同樂日也不會辦得成功；當事人體驗不到成功背後也有自己的努力和付出。

這些人忽視自己成功的經驗，叫自己無法建立自信心。

【第三組】大難臨頭：

把事情的嚴重程度擴大，推至「災難性」的地步。

這組例句說明我們在碰到一些不如意的事情發生或遇到某些阻滯時，第一個念頭都會傾向往壞的一方去想，並往往推想出誇大而嚴重的後果：

● 瞥見別人望向自己，第一個念頭就推想是自己的工作令對方不滿意，再擴大至主管會向他大發雷霆，自己又要遭殃的災難場面。

● 不慎弄破了同事的水杯本來不是什麼大錯失，但當事人即時聯想到同事會很忿怒，甚至會進行報復，把事情的後果無限擴大。

● 覺得老闆對自己諸多挑剔，即時想到是因為想找藉口辭退自己，更擔憂以後的生活會變得很坎坷。

這些人會把日常平凡的經歷或問題推想到極端嚴重的情況，使他們的人生充滿着惶恐、焦慮和絕望。

【第四組】打沉自己（自怨自艾）：

這些人不斷向自己説負面的説話，以致意志消沉。

這組例句說明我們習慣性地產生負面的思想：

● 遇上阻滯就會覺得無論多努力都會徒勞無功，自己不會把事情做好。

● 事情剛開始便打退堂鼓，覺得自己沒有這個能力，什麼事也辦不到！

● 只要事情出了一個小小的問題，便不問根由，歸咎於自己的失敗！

　　這些人在面對問題時表現得無能為力，事事都解決不來，總覺得自己不中用，經常將自己的信心及意志徹底磨滅。

　　【第五組】妄下判斷：

　　在沒有什麼理據下，把事情的結果推斷為負面。

　　這組例句說明我們在沒有細心考慮原因前便會為事情下了定論：

　　● 單憑外表便對某類型的醫生失卻信心，認為他們沒有能力醫治自己的病。

　　● 單看表象，就憑自己的猜測來判斷他人不希望自己在這個場合出現。

　　● 見到餐廳的老闆跟其他客人有說有笑，就武斷為老闆看不起自己所以沒有跟自己打招呼。當事人沒有去考慮其他原因，例如其他人是熟客，而自己只不過只到過這餐廳一兩次。

　　這些人的思想可能很偏激，以致無法看清事實的全部。因此，負面的思想反應往往令當事人產生焦慮、氣憤和不安等情緒。

　　【第六組】左思右想：

　　面對事情不夠果斷，猶豫不決。

　　這組例句說明有些人做事優柔寡斷，無論大小事情也可能花上好一段長的時間去思量和考慮：

　　● 應否去參加同事的聚餐也會惹來當事人一連串的煩惱，十分在意同事的看法，思緒不斷徘徊於去與不去之間。

　　● 滙報工作時，單是內容的編排也會花上好長的時間：怕得罪同事，又怕老闆誤會。反反覆覆的思量，以致心緒煩亂。

　　● 簡單至只是選擇座位的位置也會引來很多聯想，不停揣測着旁人對自己的目光。

　　這些人每下一個決定都要花很長的時間，以致拖慢了事情的進度，無形對自己造成很大的壓力，打擊了自己的自信心和能力。

【第七組】感情用事：

以感覺作判斷或結論，忽略事情的客觀事實。

這組例句說明有些人被情緒所主導：

● 因為自己的心情不在狀態便拒絕赴約，不會理會他人的感受。

● 是否出席朋友的喜宴，只考慮自己的情緒如何，沒有考慮其他的因素。

● 只因為自己覺得心情欠佳、不順暢，就不跟別人談任何事，全不去理會事情的輕重。

這些人讓負面情緒做了自己的主人，被波動的情緒牽着自己走，直接影響自己的判斷力及行為表現，亦影響與他人的關係。

【第八組】怨天尤人：

推卸責任，凡事歸咎他人或埋怨上天。

這組例句說明有些人遇到問題時都不會積極面對，只會抱怨他人：

● 輸掉球賽是因為隊友的失誤、球證偏袒對方，而不關自己的事，因為自己已經盡了全力。

● 我考試遲到令致成績滑落，是因為出門前媽媽的嘮叨，不是平時自己不夠努力。

● 老闆不接納我通宵達旦做的計劃書，是老闆差勁不懂得欣賞，自己做的計劃書沒有問題。

這些人因為將問題全放在他人身上，只感到自己的無辜或不幸，從而失去尋求解決問題的動機。

五　思想陷阱與情緒

　　無論是什麼類型的思想陷阱，一旦跌入陷阱，我們的情緒不期然就會受到牽連，使情緒起伏不定。若您能認清自己的思想陷阱，不讓自己那麼容易跌進陷阱，您在壓力底下的焦慮情緒便可得到改善。

　　以本單元「阿詩記事簿」之「舊同學聚會」為例，她腦海裡不時出

現一些不同類型的思想陷阱，她每一次跌進陷阱，她的情緒便受到牽連。

　　為測試您對思想陷阱有多少理解，請依據下面的例子，先行寫下您認為出現於阿詩身上的思想陷阱類型，以及這些陷阱與焦慮情緒的關係。若您一時未能解答得到，不要緊，我們隨即會給您解答。

阿詩的思想陷阱

　　想法一：「今天自己的樣子太憔悴了，加上這身衣著也委實很土，她肯定是在譏笑我。」

思想陷阱類型：＿＿＿＿＿＿＿＿＿＿＿ 與情緒的關係：＿＿＿＿＿＿＿＿＿＿＿＿ 　　　　　　　＿＿＿＿＿＿＿＿＿＿＿＿ 　　　　　　　＿＿＿＿＿＿＿＿＿＿＿＿

我們的見解：

思想陷阱類型：**妄下判斷**

與情緒的關係：阿詩瞥見別人望向她便認為這人是在譏笑自己的樣了及
　　　　　　　衣著，這屬於妄下判斷的思想陷阱。她沒有印證別人是
　　　　　　　否真的望向她，也沒有思考其他原因，就為事情下了定
　　　　　　　論，把結果推斷為負面，當然會令自己的情緒低落。

　　想法二：「我就是這樣什麼事也做不好，他們都在交頭接耳，必定在議論我的醜態。」

```
┌─────────────────────────────────────────────────────────┐
│                                                         │
│  思想陷阱類型：＿＿＿＿＿＿＿＿＿＿＿＿＿                          │
│  與情緒的關係：＿＿＿＿＿＿＿＿＿＿＿＿＿＿＿＿＿＿＿＿＿              │
│            ＿＿＿＿＿＿＿＿＿＿＿＿＿＿＿＿＿＿＿＿＿＿＿＿          │
│            ＿＿＿＿＿＿＿＿＿＿＿＿＿＿＿＿＿＿＿＿＿＿＿＿          │
│                                                         │
└─────────────────────────────────────────────────────────┘
```

我們的見解：

思想陷阱類型：**妄下判斷**

與情緒的關係：阿詩見到別人在交頭接耳，就判斷為他們在議論自己，
　　　　　　　這種單憑自己的直覺而沒有考慮其他可能因素的想法，
　　　　　　　若判斷出了誤差，會使自己和別人都感到沮喪和不開
　　　　　　　心。

　　想法三：「唉，我真不該到來，我這樣笨手笨腳，來這裡只會出
醜，自暴其短，弄得連最好的同學也不留下來陪我。從此，休想她再瞧
得起我。」

```
┌─────────────────────────────────────────────────────────┐
│                                                         │
│  思想陷阱類型：＿＿＿＿＿＿＿＿＿＿＿＿                            │
│  與情緒的關係：＿＿＿＿＿＿＿＿＿＿＿＿＿＿＿＿＿＿＿＿＿＿＿          │
│            ＿＿＿＿＿＿＿＿＿＿＿＿＿＿＿＿＿＿＿＿＿＿＿＿          │
│            ＿＿＿＿＿＿＿＿＿＿＿＿＿＿＿＿＿＿＿＿＿＿＿＿          │
│                                                         │
└─────────────────────────────────────────────────────────┘
```

我們的見解：

思想陷阱類型：**打沉自己（自怨自艾）**

與情緒的關係：阿詩在沒有理據下不斷向自己發出負面的訊息，覺得：
　　　　　　　自己笨手笨腳、自暴其短、朋友再瞧不起她等；這種想
　　　　　　　法不只令她的自尊心受損，亦令她的意志極度消沉。

想法四：「為什麼我如此倒霉！天生我樣子不出眾，才被同學瞧不起，有困難也不幫我一把！」

思想陷阱類型：＿＿＿＿＿＿＿＿＿＿＿

與情緒的關係：＿＿＿＿＿＿＿＿＿＿＿＿＿＿

＿＿＿＿＿＿＿＿＿＿＿＿＿＿

＿＿＿＿＿＿＿＿＿＿＿＿＿＿

我們的見解：

思想陷阱類型：**怨天尤人**

與情緒的關係：阿詩懷着「因為自己的樣子不出眾，所以才被同學瞧不起」的心態，她既然覺得樣子是上天的賜予，自己當然沒有改變的能力，唯有怨恨同學對她的態度。這種怨天尤人的想法令她失去改變現狀的動力，亦讓她長期處於一個受害者的角色中。

以上這些思想陷阱，使阿詩在不同的生活處境下往往得不到安寧，情緒長期陷入焦慮與不安中。

六　習作──思想陷阱與情緒

1. 阿健記事簿

上面已分析過阿詩的個案。現在，請翻閱第二單元裡有關阿健的個案，分析內裡包含了哪些思想陷阱，以加強您對思想陷阱與情緒的瞭解。參考答案就在此習作之後。

想法一：「為什麼會不斷地問相同的問題？我不是已經回答得很清

楚了嗎？肯定是她故意為難我，想我失掉這份工作。」

思想陷阱類型：＿＿＿＿＿＿＿＿＿＿

與情緒的關係：＿＿＿＿＿＿＿＿＿＿＿＿＿

＿＿＿＿＿＿＿＿＿＿＿＿＿

＿＿＿＿＿＿＿＿＿＿＿＿＿

想法二：「為何還不好好溫習？還有兩天便考試，你仍在看電視，你就是這樣不聽話，是否想氣死我？」

思想陷阱類型：＿＿＿＿＿＿＿＿＿＿

與情緒的關係：＿＿＿＿＿＿＿＿＿＿＿＿＿

＿＿＿＿＿＿＿＿＿＿＿＿＿

＿＿＿＿＿＿＿＿＿＿＿＿＿

想法三：「這是怎可能會發生的事？這樣子別人還會信任我嗎？我也休想以後有升職的機會了！」

思想陷阱類型：＿＿＿＿＿＿＿＿＿＿

與情緒的關係：＿＿＿＿＿＿＿＿＿＿＿＿＿

＿＿＿＿＿＿＿＿＿＿＿＿＿

＿＿＿＿＿＿＿＿＿＿＿＿＿

習作答案：阿健記事簿

想法一：「為什麼會不斷地問相同的問題？我不是已經回答得很清楚了嗎？肯定是她故意為難我，想我失掉這份工作。」

思想陷阱類型：　妄下判斷

與情緒的關係：　阿健沒有考慮過有些老人家接收訊息的能力比年輕人慢，或者性格比較穩重，所以很多時會重複問相同的問題；他一下子就推想到是別人故意為難他，甚至是想害他失掉工作。無疑在這件事上，他過於妄下判斷，讓自己無端陷入惶恐不安中。

想法二：「為何還不好好溫習？還有兩天便考試，你仍在看電視，你就是這樣不聽話，是否想氣死我？」

思想陷阱類型：　非黑即白

與情緒的關係：　阿健把兒子有沒有溫習作為是否聽話的標準：溫習就是聽話，沒有溫習就是不聽話，這種簡單的二分法，即非黑即白的思維方式，導致他與兒子的關係緊張，情緒也因而不時受到衝擊。

想法三：「這是怎可能會發生的事？這樣子別人還會信任我嗎？我也休想以後有升職的機會了！」

> 思想陷阱類型：<u>大難臨頭</u>
> 與情緒的關係：<u>在出現一些不如意的事情時，阿健已推算到沒有人會</u>
> 　　　　　　　<u>再信任自己，更把情況的嚴重程度誇大至「沒有升職</u>
> 　　　　　　　<u>的機會」。但事實根本沒有他想像中的嚴重。</u>

2. 自省練習

　　請以上述的方式，寫下在過去兩個星期，您曾於不同的生活處境中曾跌進過的思想陷阱，並分析它們與焦慮情緒的關係。（如果一時之間想不起，可參考第三單元的「焦慮排行榜」（第44頁），看看自己在這兩星期內，曾否遇上排行榜上的生活處境。）

事件一

您當時的想法：＿＿＿＿＿＿＿＿＿＿＿＿＿＿＿＿＿＿＿＿＿＿＿

> 思想陷阱類型：＿＿＿＿＿＿＿＿＿＿
> 與情緒的關係：＿＿＿＿＿＿＿＿＿＿＿＿＿＿＿＿＿＿＿＿＿
> 　　　　　　　＿＿＿＿＿＿＿＿＿＿＿＿＿＿＿＿＿＿＿＿＿
> 　　　　　　　＿＿＿＿＿＿＿＿＿＿＿＿＿＿＿＿＿＿＿＿＿

事件二

您當時的想法：＿＿＿＿＿＿＿＿＿＿＿＿＿＿＿＿＿＿＿＿＿＿＿

> 思想陷阱類型：＿＿＿＿＿＿＿＿＿＿
> 與情緒的關係：＿＿＿＿＿＿＿＿＿＿＿＿＿＿＿＿＿＿＿＿＿
> 　　　　　　　＿＿＿＿＿＿＿＿＿＿＿＿＿＿＿＿＿＿＿＿＿
> 　　　　　　　＿＿＿＿＿＿＿＿＿＿＿＿＿＿＿＿＿＿＿＿＿

七 「情緒溫度計」與「身心思維自我分析表」

「情緒溫度計」—— 過去一星期的平均「情緒指數」

請圈出您認為最恰當的分數：0分代表情緒非常差，10分情緒非常好。

情緒溫度計	0	1	2	3	4	5	6	7	8	9	10

現在，您也可以嘗試運用「身心思維自我分析表」來剖析自己的思想狀態，瞭解您的思想反應埋藏着哪一類的思想陷阱？它有否影響到您的情緒起伏？

請寫下兩項在過去幾星期裡影響您情緒指數低落的事情：

身心思維自我分析表

引發事件（一）：＿＿＿＿＿＿＿＿＿＿＿＿＿＿＿＿＿＿

＿＿＿＿＿＿＿＿＿＿＿＿＿＿＿＿＿＿

身體反應：＿＿＿＿＿＿＿＿＿＿＿＿＿＿＿＿＿＿＿＿＿

行為反應：＿＿＿＿＿＿＿＿＿＿＿＿＿＿＿＿＿＿＿＿＿

情緒反應：＿＿＿＿＿＿＿＿＿＿＿＿＿＿＿＿＿＿＿＿＿

當時的想法：＿＿＿＿＿＿＿＿＿＿＿＿＿＿＿＿＿＿＿＿

您覺得當時的想法屬於哪一類思想陷阱（可能多於一類）：＿＿＿＿＿＿

您確信自己跌進上述的陷阱嗎？請圈出以下其中一項，以表示您的同意程度有多強烈：

十分同意	同意	中立	不同意	十分不同意

　　這思想陷阱引致您產生焦慮。請圈出以下其中一項，以表示您受影響的程度有多大：

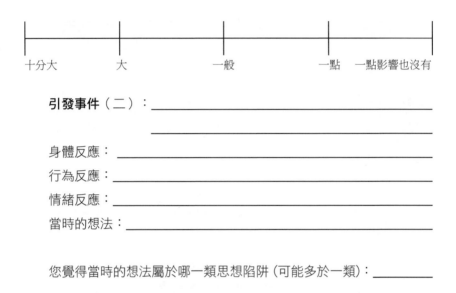

十分大　　　　大　　　　　　一般　　　　　　一點　一點影響也沒有

引發事件（二）：_____

_____

身體反應：_____
行為反應：_____
情緒反應：_____
當時的想法：_____

　　您覺得當時的想法屬於哪一類思想陷阱（可能多於一類）：_____

　　您確信自己跌進上述的陷阱嗎？請圈出以下其中一項，以表示您的同意程度有多強烈：

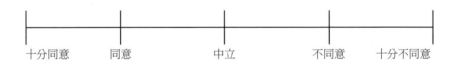

十分同意　　　同意　　　　　中立　　　　　不同意　　十分不同意

　　這思想陷阱引致您產生焦慮。請圈出以下其中一項，以表示您受影響的程度有多大：

十分大　　　　大　　　　　　一般　　　　　　一點　一點影響也沒有

八　行動起來，鬆一鬆！

又到「鬆一鬆！行動表」這個環節，在這個星期，您打算去尋找或尋回哪些能讓自己放鬆的事情呢？快完成以下練習吧！

鬆一鬆！行動表

在未來一星期內，您打算完成哪一項能夠放鬆心情的行動呢？

活動：	
日期：	時間：

預祝您的行動成功！

九　小結

● 我們平日較少留意到自己在焦慮時所出現的身體變化、行為反應，以及思想反應等。若個人的想法對焦慮情緒有重要的影響，我們便先要瞭解自己慣常的想法，才可調適及改善焦慮的情緒。

● 當跌入思想陷阱的時候，我們的身體、行為及情緒通常都會產生變化；因此，我們要隨時隨地留意自己的身體有沒有響起任何警號？是否已經跌入某些思想陷阱卻渾然不知？

● 身體警號對我們瞭解自己的情緒狀況是一個很重要的指標，這一點，我們將在下一單元再作詳盡的分析。

第六單元

如何運用「五常法」
走出思想陷阱？

本單元學習目標

完成本單元之後，您將：

(1) 掌握怎樣用「腦袋停一停」，避免自己跌入思想陷阱；

(2) 運用五常法，幫助自己建立新思維，及走出思想陷阱。

阿詩記事簿
赴約（焦慮篇）

　　阿詩一位中學時的摯友Nancy從加拿大返回香港探親，相約阿詩到所住宿的酒店敍舊。接過Nancy的電話後，她並沒有半點興奮的感覺，反而腦海浮現出一個念頭：「Nancy一向都聰明伶俐，談吐得體；我倆多年沒見面，她已經是一位成功的專業人士，而我卻越來越追不上時代，不只說話乏味，樣子也變得很土，跟她一起，更加相形見絀。」縱使阿詩有千般不願意，無奈與摯友多年不見，經不起她又哄又罵也便勉強答應下來。

　　抵達酒店大堂，在等候的當兒已開始覺得煩躁不安，加上瞥見自己在屏風鏡子裡的樣子，瞬間便全身繃緊起來，心跳加速，手心不斷冒汗，心想：「Nancy一會兒見到我現時的模樣，定會嚇了一跳，我何苦走來這裡現世哩！」最後，她匆匆走出酒店，乘計程車回家去。

一　一周檢查

在未開始進入本單元的練習前，首先問問您：過去的一星期裡，您有否完成一項讓自己「鬆一鬆」的行動呢？請根據您的個人經驗填寫下表：

行動內容：	
您**有**完成這項活動	您**沒有**完成這項活動
您的感覺如何？＿＿＿＿＿＿ ＿＿＿＿＿＿＿＿＿＿＿＿ 是否可短暫減低您的焦慮？ 是 / 否 原因：＿＿＿＿＿＿＿＿＿ ＿＿＿＿＿＿＿＿＿＿＿＿ ＿＿＿＿＿＿＿＿＿＿＿＿	沒有完成的原因？＿＿＿＿＿ ＿＿＿＿＿＿＿＿＿＿＿＿ ＿＿＿＿＿＿＿＿＿＿＿＿ ＿＿＿＿＿＿＿＿＿＿＿＿ ＿＿＿＿＿＿＿＿＿＿＿＿ ＿＿＿＿＿＿＿＿＿＿＿＿

二　阿詩與阿健的轉變

我們希望透過下面的練習，讓您看到阿詩與阿健在本星期有什麼改變，這些改變對他們有什麼影響？

1.「阿詩記事簿」之「赴約（焦慮篇）」

請根據「阿詩記事簿」之「赴約（焦慮篇）」來回答下列問題：

引發事件：阿詩一位中學時的摯友從加拿大返回香港，相約阿詩到她所住宿的酒店敍舊。	
抵達酒店大堂時，她的**心情**怎麼樣？	
她當時有什麼**身體反應**？	
她後來有什麼**行為反應**？	

　　阿詩當時有過兩個想法，您覺得這些想法是屬於哪類型的思想陷阱呢？

阿詩的想法	思想陷阱的類型
（1）「……而我卻越來越追不上時代，不只說話乏味，樣子也變得很土，跟她一起，更加相形見絀。」	
（2）「一會兒Nancy見到我現時的模樣，定會嚇了一跳，我何苦走來這裡現世哩！」	

　　現在，讓我們將答案告訴您，看看是否跟您寫下的相同：

引發事件：阿詩一位中學時的摯友從加拿大返回香港，相約阿詩到她所住宿的酒店敍舊。	
抵達酒店大堂時，她的**心情**怎麼樣？	阿詩感到煩躁不安
她當時有什麼**身體反應**？	全身繃緊，心跳加速，手心不斷冒汗
她後來有什麼**行為反應**？	乘計程車回家去（逃避行為）

阿詩當時有兩個想法，它們分別屬於以下的思想陷阱：

阿詩的想法	思想陷阱的類型
（1）「……而我卻越來越追不上時代，不只說話乏味，樣子也變得很土，跟她一起，更加相形見絀。」	打沉自己（自怨自艾）
（2）「一會兒Nancy見到我現時的模樣，定會嚇了一跳，我何苦走來這裡現世哩！」	妄下判斷

從上述答案的分析，我們理解阿詩的生活並不輕鬆愉快。幸而，阿詩希望生活有所改變，不希望自己永遠被焦慮與不安的情緒所困擾；所以雖然同樣出現了思想陷阱，但阿詩這次學會了用另一個角度看事物，處理的手法亦有點兩樣。且讓您繼續看看她如何積極地面對今次的約會。

阿詩記事簿
赴約（鬆弛篇）

阿詩抵達酒店大廳，在等候的當兒已開始覺得煩躁不安，加上瞥見自己在屏風鏡子裡的樣子，瞬間便全身繃緊起來，心跳加速，手心不斷冒汗，她立即對自己說：「阿詩，你要冷靜下來!」她用力深呼吸數下，慢慢地開始覺得精神有點鬆弛下來，她便繼續對自己說：「不要再胡思亂想了，朋友多年不見，有機會相聚，高興還來不及啦。而且，她若果嫌棄我，也不會約我見面啦。」話雖如此，但她的情緒還未能完全平靜下來，她毅然走到酒店的洗手間用冷水洗臉，然後對自己說：「若果到時她對我冷言冷語的話，頂多下次不應約。犯不着現在未見面就先行離去，這樣反會惹人笑話。」這時，她整個人似乎鬆弛下來，整理一下衣履，便往大廳看看Nancy是否已經到來。

阿詩學習了從另一個角度看事物，雖然同樣出現上述煩躁不安的心情，以及相同的身體反應，但已大大減輕過往的焦慮心情，並學懂以正

面的態度去面對問題。

2.「阿健記事簿」之「簡介會（焦慮篇）」

阿健記事簿
簡介會（焦慮篇）

阿健需要到客戶的公司推介一個保險計劃，他花了整整一個多星期來準備這個推廣計劃，務求令到這次推廣做得完美無瑕。其間，他常在晚上綵排講詞，但每次綵排他總覺得自己的表現未如理想，並想像這份保險計劃會由於自己的表現而不獲客戶接受。他心想：「無論我用何種方式表達，總有讓人不滿意的地方，客人一定會覺得我講解乏味，計劃亦終究不會獲得接納。」「如果計劃不獲接納，主管定會認為我力有不逮，並會利用這機會辭退我。」這星期以來，阿健經常為此事感到心情緊張，惴惴不安，甚至整夜難眠，弄得精神萎靡不振。

簡介會的日子終於來臨，阿健一早便抵達該公司的會客室，在等候的當兒，覺得腦海內一片空白，心情紊亂，而且臉龐炙熱，額角不斷冒汗，阿健不停用手帕拭去臉上的汗珠，希望不讓別人留意到自己有多緊張。但他越想將汗水拭乾，汗水卻流個沒完沒了，他真希望自己能即時在會客室裡消失，但無奈職責所在，他只好硬着頭皮向客戶概略地介紹保險計劃書，但卻掛一漏萬，很多預先準備好的資料都沒有用上。最後，不得不花上很長的時間去回答客戶的提問。

為了進一步讓您明白正面及負面思維對情緒影響的認識，請再以阿健為例子做以下的練習：

引發事件：阿健需要到客戶的公司推介一個保險計劃，他花了整整一個多星期來準備這個推廣活動，務求令到這次推廣做得完美無瑕。	
簡介會前，他有什麼**行為反應**？	
抵達客戶公司的會客室時，他的**心情**怎麼樣？	
他當時有什麼**身體反應**？	
繼而他有什麼**行為反應**？	

　　阿健在草擬計劃書的過程中有過一些念頭，您覺得這些想法是屬於哪類型的思想陷阱呢？

阿健的想法	思想陷阱的類型
(1) 每次綵排他總覺得自己的表現未如理想，並想像這份保險計劃會由於自己的表現而不獲客戶接受。	
(2)「無論我用何種方式表達，總有讓人不滿意的地方，客人一定會覺得我講解乏味，計劃亦終究不會獲得接納。」	
(3)「如果計劃不獲接納，主管定會認為我力有不逮，並會利用這機會辭退我。」	

　　現在，讓我們將答案告訴您，看看是否跟您寫下的相同：

引發事件：阿健需要到客戶的公司推介一個保險計劃，他花了整整一個多星期來準備這個推廣活動，務求令到這次推廣做得完美無瑕。	
簡介會前，他有什麼**行為反應**？	他常在晚上綵排演說講詞。

（續）

抵達客戶公司的會客室時，他的**心情**怎麼樣？	覺得腦海內一片空白，心情紊亂。
他當時有什麼**身體反應**？	臉龐炙熱，額角不斷冒汗。
繼而他有什麼**行為反應**？	阿健不停用手帕拭去臉上的汗珠。

阿健當時的想法分別屬於以下的思想陷阱：

阿健的想法	思想陷阱的類型
(1) 每次綵排他總覺得自己的表現未如理想，並想像這份保險計劃會由於自己的表現而不獲客戶接受。	攬晒上身 （諉過於己）
(2)「無論我用何種方式表達，總有讓人不滿意的地方，客人一定會覺得我講解乏味，計劃亦終究不會獲得接納。」	打沉自己 （自怨自艾）
(3)「如果計劃不獲接納，主管定會認為我力有不逮，並會利用這機會辭退我。」	妄下判斷 / 大難臨頭

　　跟阿詩一樣，阿健雖然同樣出現過思想陷阱，但這次他也學習了用正面的思維方式去處理問題，所以他的情緒狀態亦有所改善；且讓您瞭解一下阿健如何處理他的焦慮情緒：

阿健記事簿
推銷日（鬆弛篇）

　　當阿健知道要到客戶的公司推介一個保險計劃時，他的焦慮又開始湧現，他每晚都花上很長的時間來做準備工作及綵排講稿，務求令到這次推廣活動做到盡善盡美。但每次綵排他總覺自己的表現未如理想，甚至想像客戶會由於自己的表現而令此計劃不獲接受。每想到這裡，他總覺得臉龐炙熱，額角不斷冒汗。這一次，當這情況又再次出現時，他對自己說：「阿健，你要停一停！你越是心急，你出錯的機會就越高。」他倒了一杯凍水慢慢呷了幾口，心想：「這也不是你第一次向客戶做推廣活動，以往可以做得到，今次亦可以做得到。」「客人不會執着一些小問題而拒絕整份計劃書，整體來說，這份保險計劃書雖然不是絕無瑕疵，但在類似的推廣活動也得過其他客戶的賞識。」想到這裡，他的心情開始平靜下來，他決定暫時放下綵排工作，並到樓下的會所去做健身。運動過後回家，當晚的心情有了明顯的改善，而且也是這星期以來睡得最好的一晚。當下，他決定在未來幾天裡只容許自己再多做兩次綵排便已足夠。

　　最後，簡介會終於來臨，雖然阿健的心情照樣緊張，但今次他能夠將所有預備好的內容有條不紊地向客戶推介，並得到客戶的讚賞。

　　為何阿詩和阿健在記事簿的後半部都可以有不同的結果呢？讓我們稍後再細心向您解釋及分析。

三　助您走出陷阱的「五常法」

　　阿詩和阿健懂得脫離思想陷阱的困擾，情緒由極度緊張焦慮轉為平靜，究竟他倆做了些什麼？

　　也許，您曾經聽過一套辦公室管理法稱為「五常法」，其實情緒管理也有五常法，您想知道是什麼嗎？以下資料能助您從思想陷阱裡走出來。

1. 常留意身體警告訊號

● 留意及「按停」身體警告訊號

當我們情緒起伏不定時，身體會出現變化及反應，例如：心跳急速、呼吸不暢順、唾液分泌過多、肌肉繃緊等；此時，必須把握時機按停警告訊號。

● 警告訊號例子

阿詩：全身繃緊、心跳加速、手心不斷冒汗

阿健：臉龐炙熱、額角不斷冒汗

● 按停警告訊號例子

阿詩：用力深呼吸數下

阿健：慢慢呷了幾口凍水

2. 常喚停負面思想

● 負面思想停一停

當您的身體警告訊號響起時，表示您可能因為腦海中出現負面思想而處於情緒起伏的狀態，此時，您必須提醒自己要立即停止所有負面想法！同時，您要問自己是否跌進哪一個陷阱裡。

● 例子

阿詩：「阿詩，你要冷靜下來!」

阿健：「阿健，你要停一停！你越是心急，你出錯的機會就越高。」

3. 常自我反問

● 自我反問

以簡單的自我反問方式來糾正自己的負面思想，並增加對事件的觀點與角度；例如：

● 例子

阿詩：

(1)「不要再胡思亂想了，朋友多年不見，有機會相聚，高興還來不及啦。而且，她若果嫌棄我，也不會約我見面啦！」

(2)「若果到時她對我冷言冷語的話，頂多下次不應約。犯不着未見面就先行離去，這樣反會惹人笑話。」

阿健：

(1)「這也不是你第一次向客戶做推廣活動，以往可以做得到，今次亦可以做得到。」

(2)「客人不會執着一些小問題而拒絕整份計劃書，整體來説，這份保險計劃書雖然不是絕無瑕疵，但在類似的推廣活動也得過其他客戶的賞識。」

4. 常分散注意力

● 分散注意力

當您停止所有的負面想法，並以另一角度反問自己後，為避免自己繼續專注在負面的思想或事情中而無法自拔，您可作一些正面行動，以將自己的注意力分散，或轉移到另外一些不相關的事情上。

這些行動可以是一些很簡單及很微小的行為，但能夠帶給您愉悦或舒一口氣的感覺。

● 例子

阿詩：走到酒店的洗手間用冷水洗臉

阿健：他決定暫時放下綵排工作，並到樓下的會所去做健身

5. 常備聰明卡

製作聰明卡：日常生活中，您可找一些精緻的紙卡，寫下您從報章、雜誌或別人口中一些對自己有幫助的正面說話或正面訊息作為您的人生金句（即聰明卡）。當您感到受負面情緒困擾時，您可取出這些聰明卡來為自己打氣，甚至可自行創作一些讓自己鬆弛及舒坦的語句來鼓勵自己。

「五常法」要訣

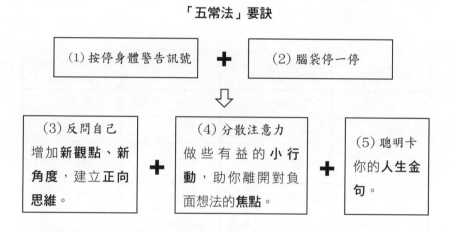

當您又再焦慮起來時，懂得**停一停、反問自己、分散注意力**等等。您對實行這些步驟會否感到十分困難，甚至認為是天方夜譚呢？

事實上，思想模式是**經過多年**建立而成，要一朝一夕完全改變過來，是不現實的想法；但若果您願意**循序漸進，多加練習**的話，要產生**正面改變**，那絕非不可能的事！

四 度身訂造您的「五常法」

透過以上解說，以及分析過阿詩和阿健的成功經驗，相信大家已明

白以下各項是什麼了：（1）警告訊號；（2）腦袋停一停；（3）反問
自己；（4）分散注意力；（5）聰明卡。

　　事實上，每個人的情況都不一樣，若要落實以上的方法來幫助自己
走出思想陷阱，並減低焦慮的困擾，我們建議您抽些時間剪裁一套適合
自己的**走出陷阱的五常法**！

1. 常留意身體警告訊號

　　當我們感到焦慮時，身體會慣性地出現一些警告訊號，其實在第三
單元您已經約略為自己檢查過了；現在，請您再一次檢視您的**警告訊
號**。（請在適當的空格中填上 ✓ 號）

□ 心跳加速	□ 心悸、驚恐	□ 呼吸不暢順	□ 口乾或口水分泌過多
□ 面紅耳熱	□ 肌肉繃緊	□ 背痛、肌肉痛	□ 頸梗膊痛
□ 頭痛	□ 頭暈	□ 手震	□ 手心冒汗
□ 胸口痛、胸口繃緊	□ 胃部不適	□ 食慾不振	□ 失眠
□ 手震、腳震	□ 手腳冰冷	□ 視覺模糊	□ 耳鳴
□ 反胃、噁心、想嘔吐	□ 說話時聲音震動、口齒不清	□ 其他：	

　　要「按停」警告訊號，您可嘗試運用下列的方法去平伏焦慮的情
緒：

　　呼吸鬆弛法：透過有節奏的自然呼吸法，令自己緊張的身體狀態得
以鬆弛。

　　意象鬆弛法：幻想自己處身於一個幽美、寧靜的大自然環境中(例如
海灘或度假小島)，讓自己的身體肌肉慢慢放鬆，達致身心舒暢的效果。

　　（有關鬆弛法，可參考第七單元的補充資料）

　　飲冰水：喝一杯或兩杯冰水，讓自己的頭腦能即時清醒下來。

閉目養神:找一個舒服的地方靜靜坐下,閉上眼睛,不要想任何事情,讓自己有冷靜、停下來歇息的時刻。

聽音樂:聆聽一些柔和的音樂,讓自己的情緒慢慢平伏下來。

您是否還有其他對自己有效的方法?請寫下屬於您自己的方法:

(1) _____

(2) _____

(3) _____

(4) _____

(5) _____

我有哪幾項慣常出現的**警告訊號**?

我如何**按停**警告訊號?

2. 常喚停負面思想

當以上**警告訊號**響起的時候,正代表着您的情緒又再度焦慮起來,而且,您亦有可能墮進思想陷阱裡。此時,除了**按停**這些警告訊號外,更需要提醒自己「**且慢,停一停**」,幫助自己停止一切負面的想法。

那麼,您知道怎樣幫助自己,**且慢,停一停**嗎?

您需要為自己填寫「且慢,停一停」的方法;未填寫之前,您可參考以下例子:

「且慢，停一停」的方法／提醒說話	這個方法有多少效用？ （0分完全無效， 10分十分有效）	您會否落實嘗試這方法？
(1) 深呼吸，叫自己冷靜一下。	6	會
(2) 在腦海中數一二三，叫自己冷靜。	5	會

除了以上兩個例子，您還可以寫上**提醒自己的說話**，例如：

──「等一等，現時情況並不是如我想像中般壞！」

──「停一停，先想清楚，千萬不要鑽牛角尖！」

　「向自己心中大聲呼喊：『不要再想下去了！』」

──「停下來！不要將事情看得這麼悲觀！」

現在請您為自己填寫「且慢，停一停」的方法：

「且慢，停一停」的方法／提醒說話	這個方法有多少效用？ （0分完全無效， 10分十分有效）	您會否落實嘗試這方法？
(1)		
(2)		
(3)		
(4)		
(5)		
(6)		

3. 常自我反問

現時，相信您已經清楚明白個人思想對自己的影響有多大；以不同的**觀點與角度**看事物，以**正面說話**及**正面訊息**取代負面想法，建立**正向思維**，均有助您走出思想陷阱，減低焦慮症狀，並擁有健康的情緒。以下練習，有助您找到新的出路，從牛角的尖端走出來！

　　首先，您要問自己：「我最慣常會跌進下列哪些陷阱裡呢？」然後，在該思想陷阱裡的方格內填上 ✓ 號。繼而，利用「思想陷阱」兩旁的反問語句來幫助自己，學習從不同的觀點與角度去看問題。您不妨將兩旁的問題熟讀，待出現這些思想陷阱時，便可即時引用這些問題來反問自己。當然，您更可為自己創出獨有的問句。

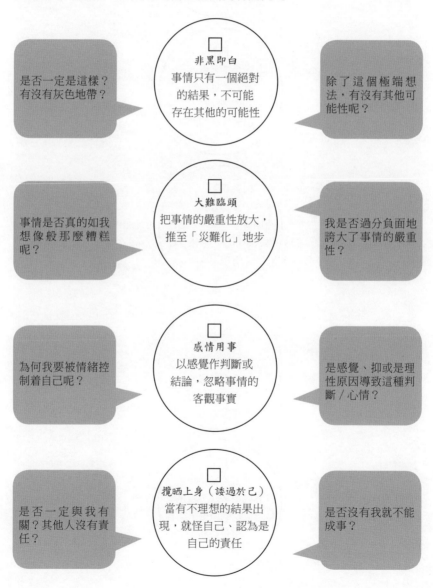

是否一定是這樣？有沒有灰色地帶？

□ 非黑即白
事情只有一個絕對的結果，不可能存在其他的可能性

除了這個極端想法，有沒有其他可能性呢？

事情是否真的如我想像般那麼糟糕呢？

□ 大難臨頭
把事情的嚴重性放大，推至「災難化」地步

我是否過分負面地誇大了事情的嚴重性？

為何我要被情緒控制着自己呢？

□ 感情用事
以感覺作判斷或結論，忽略事情的客觀事實

是感覺、抑或是理性原因導致這種判斷／心情？

是否一定與我有關？其他人沒有責任？

□ 攬晒上身（諉過於己）
當有不理想的結果出現，就怪自己、認為是自己的責任

是否沒有我就不能成事？

除了別人外，我有沒有責任呢？

□
怨天尤人
當事情發生，總是埋怨別人或周邊環境，忽略自身責任

我可以做些什麼才可幫得上忙？

有沒有證據證明我這個判斷正確呢？

□
妄下判斷
還未有足夠的事實根據，已經作出判斷

這個是否事實的全部呢？

基於什麼原因，我又推翻自己的想法呢？

□
左思右想
總是猶豫不決，為自己找很多藉口，最後什麼也做不成

我是否想得太多，阻礙自己把事情付諸行動呢？

我憑什麼理由否定自己？

□
打沉自己
（自怨自艾）
經常不自覺地貶低自己，令自己意志消沉

為什麼我要如此悲觀，認為一定失敗呢？

我有什麼做得好，值得讚賞自己呢？

□
貶低成功經驗
就算做得多好，總是貶低這成功的價值，認為這是應該

成功做到這件事，證明了什麼？

4. 常分散注意力

除了增加對事件的新觀點與新角度、建立正向思維外，做些**自己喜歡的小行動**，亦有助您將焦點不再集中於負面的想法上，並完全走出思想陷阱，這些有益的**小行動**，就是**分散注意力**了。

您會做些什麼，幫助自己分散對負面想法的注意力呢？

行動小，得益大	以下是一些**分散注意力**的例子：
(1) ＿＿＿＿＿＿＿＿＿	(1) 外出逛逛
(2) ＿＿＿＿＿＿＿＿＿	(2) 購物
(3) ＿＿＿＿＿＿＿＿＿	(3) 洗澡
(4) ＿＿＿＿＿＿＿＿＿	(4) 看書
(5) ＿＿＿＿＿＿＿＿＿	(5) 聽音樂
	(6) 看電視
	(7) 談電話

5. 常備聰明卡

過往您曾經聽過什麼金石良言令您印象深刻呢？有沒有一些雋語名言令您受到激勵呢？請搜集這類正面說話、正面訊息作為您的**人生金句**，並製成聰明卡，然後將這些卡擺放於您容易看到的地方，例如：客廳、睡房或在工作地方的桌面，您亦可將聰明卡放在自己的錢包或日記簿內。

我的聰明語錄：

例句：• 多倒霉的日子也總會過去。
　　　• 事情總有兩面，不要只看消極那一面。
　　　• 今日預支明天的快樂，明天處理今日的煩憂！

五 習作——走出思想陷阱

　　為了加強您對「走出陷阱五常法」的掌握，以助您在日後的生活中實踐出來；現在，是考考您的時候，請運用阿健本星期的一次經歷來完成此習作。他這次用了什麼辦法走出思想陷阱呢？請細閱他的近況，然後完成下面的練習。參考答案就在習作之後。

阿健記事簿
工作會議

　　今天，阿健又參與銀行的推廣活動會議，一如既往，阿健的心情十分緊張，並預早做了大量的資料搜集及綵排，以準備在會議上作報告。

　　還未正式開始會議，阿健已感到頸梗膊痛、呼吸急促、臉龐炙熱，阿健禁不住想到：「今次自己沒有什麼新概念、新建議可以提出，但其他同事可不同，他們大都胸有成竹。不用說，我的意見一定不會獲得主管的接納，甚至會作出批評。」阿健頓感非常之焦躁不安，並且不停將枱面的資料翻來覆去。

　　突然間，阿健的腦海閃了一下，並提醒自己：「停一停，我也搜集了不少資料，意見也並不一定比同事的差！」此時，他靜靜地在座位上作深呼吸，並不斷在腦海內叫自己放鬆：放鬆手腳肌肉、頸膊和整個身體。阿健反問自己：「同事手上有什麼資料我也不大清楚，這麼快就判定自己的意見一定不獲主管欣賞，是否太過武斷呢？」然後，阿健再仔細想：「就算今次的建議不被接納也不打緊，其實，每一次都有同事所提的建議被否決。現在先聽取他們的意見，吸取多些經驗，留待下次可以做得更好！」接著，他想輕鬆一會兒，便到茶水間協助同事預備飲料，漸漸心情也開始平伏下來。

　　現在，請您先根據上述記事簿的內容，填上自己的見解，然後再看我們隨之附上的答案：

　　引發事件：＿＿＿＿＿＿＿＿＿＿＿＿＿＿＿＿＿＿＿＿＿＿＿

　　　　　　＿＿＿＿＿＿＿＿＿＿＿＿＿＿＿＿＿＿＿＿＿＿＿

	當時處境	如何運用五常法
身體變化 (警告訊號)	....	(1) 按停：按停身體警號 ....
當時想法	.... 思想陷阱類別：(可能超過一種)	(2) 腦袋停一停：暫停一切負面思想 ....
情緒反應	....	(3) 自我反問：反駁自己的思想陷阱 .... 建立正向思維：新觀點、新角度 ....
行為反應	....	(4) 分散注意力：小行動 ....
		(5) 聰明卡：人生雋語 ....

以下是我們的答案：

引發事件：阿健又參與公司的銷售會議，他預早做了大量的資料搜

集及綵排，準備在會議上作報告。

	當時處境	如何運用五常法
身體變化（警告訊號）	頸梗膊痛、呼吸急促、臉龐炙熱	**(1) 按停：按停身體警號** 他靜靜地在座位上作深呼吸，並不斷在心中叫自己放鬆：放鬆手腳肌肉、頸膊和整個身體。
當時想法	「今次自己沒有什麼新概念、新建議可以提出，但其他同事可不同，他們大都胸有成竹。不用說，我的意見一定不會獲得主管的接納，甚至會作出批評。」 思想陷阱類型：（可能超過一種） 妄下判斷、否定自己	**(2) 腦袋停一停：暫停一切負面思想** 「停一停，我也搜集了不少資料，意見並不一定比同事的差！」
情緒反應	非常焦躁不安	**(3) 自我反問：反駁自己的思想陷阱** 「同事手上有什麼資料我也不大清楚，這麼快就判定自己的意見一定不獲主管欣賞，是否太過武斷呢？」 **建立正向思維：新觀點、新角度** 「就算今次的建議不被接納也不打緊，其實。每一次都有同事所提的建議被否決。現在先聽取他們的意見，吸取多些經驗，留待下次可以做得更好！」
行為反應	不停將枱面的資料翻來覆去	**(4) 分散注意力：小行動** 到茶水間協助同事預備飲料
		(5) 聰明卡：人生雋語 豈能盡如人意，但求無愧於心

▌自省練習

現在，請您選用自己一個例子，根據上述的方式作自省練習。

請先選取一個過去一星期令您產生焦慮情緒的生活處境（選取的情緒指數建議介乎2-5分），您可從「焦慮排行榜」中揀選，並嘗試運用

「五常法」走出思想陷阱：

引發事件：＿＿＿＿＿＿＿＿＿＿＿＿＿＿＿＿

＿＿＿＿＿＿＿＿＿＿＿＿＿＿＿＿＿＿

	當時處境	如何運用五常法
身體變化 （警告訊號）		(1) 按停：按停身體警號 ....
當時想法	 .... 思想陷阱類別：（可能超過一種）	(2) 腦袋停一停：暫停一切負面思想 ....
情緒反應		(3) 自我反問：反駁自己的思想陷阱 .... 建立正向思維：新觀點、新角度 ....
行為反應		(4) 分散注意力：小行動 ....
		(5) 聰明卡：人生雋語 ....

六 「情緒溫度計」與「身心思維自我分析表」

▌情緒溫度計

您的情緒指數是：（請圈出您認為最恰當的分數，0分最差，10分最好。）

情緒溫度計	0	1	2	3	4	5	6	7	8	9	10

在上一單元，您的情緒指數是＿＿＿＿分。

本星期，您的情緒指數平均是＿＿＿＿分。

今次分數比上次 高 / 低 （　　）分，您認為是由於過去一星期……。

曾發生一件事情（引發事件）：

＿＿＿＿＿＿＿＿＿＿＿＿＿＿＿＿＿＿＿＿＿＿＿＿＿＿＿

您當時有正面 / 負面的想法：

＿＿＿＿＿＿＿＿＿＿＿＿＿＿＿＿＿＿＿＿＿＿＿＿＿＿＿

＿＿＿＿＿＿＿＿＿＿＿＿＿＿＿＿＿＿＿＿＿＿＿＿＿＿＿

您當時有正面 / 負面的行為：

＿＿＿＿＿＿＿＿＿＿＿＿＿＿＿＿＿＿＿＿＿＿＿＿＿＿＿

＿＿＿＿＿＿＿＿＿＿＿＿＿＿＿＿＿＿＿＿＿＿＿＿＿＿＿

如果是負面想法，您認為可以用什麼正向思維把情緒改變過來呢？

正面思維：＿＿＿＿＿＿＿＿＿＿＿＿＿＿＿＿＿＿＿＿＿

如果這樣想的話，情緒會出現怎樣的變化呢？

＿＿＿＿＿＿＿＿＿＿＿＿＿＿＿＿＿＿＿＿＿＿＿＿＿＿＿

▌身心思維自我分析表

由本單元起，除了「身心思維自我分析」此部分外，每個單元均會加入「走出陷阱實踐練習」；前者協助您掌握哪些主要想法導致您出現

負面情緒，同時分辨這些想法屬於哪類型的思想陷阱；後者則協助您把五常法實踐到這些生活處境中，讓您走出思想陷阱！

請先選取一項過去一星期令您產生焦慮情緒的生活處境（可參考「焦慮排行榜」），並嘗試運用五常法走出陷阱：

引發事件：＿＿＿＿＿＿＿＿＿＿＿＿＿＿＿＿＿＿＿＿＿＿＿＿＿＿

＿＿＿＿＿＿＿＿＿＿＿＿＿＿＿＿＿＿＿＿＿＿＿＿＿＿＿＿＿＿＿＿

	當時處境	如何運用五常法
身體變化 （警告訊號）	....	(1) 按停：按停身體警號 ....
當時想法	.... 思想陷阱類別：（可能多於一種）	(2) 腦袋停一停：暫停一切負面思想 ....
情緒反應	....	(3) 自我反問：反駁自己的思想陷阱 .... 建立正向思維：新觀點、新角度 ....

（續）

行為反應		(4) 分散注意力：小行動
		…………………………………
		…………………………………
		(5) 聰明卡：人生雋語
		…………………………………
		…………………………………

七　行動起來，鬆一鬆！

又到「**鬆一鬆！行動表**」這個環節，在這個星期，您打算去尋找或尋回哪些能讓自己放鬆的事情呢？快完成以下練習吧！

鬆一鬆！行動表

在未來一星期內，您打算完成哪一項能夠放鬆心情的行動呢？

活動：	
日期：	時間：

預祝您的行動成功！

八　小結

• **思想陷阱**有如我們的生活習慣一般，建立了此特定模式或習慣後，便很難作出改變。然而，不改變的代價將會使它(思想陷阱)成為我們人生路上的絆腳石；讓焦慮、氣餒、擔憂等不斷在我們的生活中出現。事實上，要挪開這顆石頭並不困難，關鍵在於您是否願意實踐「五常法」。

• 「**走出陷阱五常法**」正是協助您一步一步，循序漸進地檢視及重

建自己的思想模式，繼而建立客觀、具理性的思考角度和思想方法。

● **總有您鼓勵**：每個人的人生都是需要別人及自己不斷為自己打氣，故此請不要輕視聰明卡的果效，這些金句可以成為您生活的座右銘，在您遭逢艱難困苦的時刻給予您安慰、給予您支持、給予您肯定，甚至給予您力量繼續向前行，引領您找到新方向。

九 補充資料

負面思想自我反問的方法

認知學派認為，人的負面不自主思想模式及信念是透過經驗學回來的。當我們面對生活瑣事，這些思想模式及信念便會不自主地影響着我們怎樣理解及分析這些事件，從而進一步影響我們對事件的行為及情緒反應。從輔導的角度看，我們必須學習糾正那些習以為常的思想模式及信念，好讓我們不致做出不恰當的行為及情緒反應。

▍自辯的目的

當我們察覺自己用了不恰當的思想模式及信念去理解事物時，我們便可即時利用自辯的方法來檢視自己的想法是否出了問題。例如，當朋友批評自己的時候，我們可能會立刻想到朋友是故意挑剔自己。在這個時候，我們便可利用自辯的方式來檢視自己的想法是否恰當。我們可以這樣問自己：「我有什麼事實和證據可證明朋友是故意挑剔自己的呢？」另外，我們亦可以問：「是否所有人身處於同一情況下都會像我一樣作出同樣的結論呢？」。透過這些自我提問，我們便可分辨出自己的想法是否正確。

▍學習過程

初學者往往會因感到難於糾正不自主思想及信念而很快便放棄運用自辯的技巧，這一點十分值得我們注意。其實，自辯是一個過程，過程中的技巧是要經過重複的練習才可以掌握得到。同時，我們更要學習怎樣察覺自己是否已陷入負面不自主思想及信念的羅網中。這個步驟非常重要，因為這樣可以把不自覺的負面不自主思想及信念提升到意識的層

面上。即是，我們要經常提醒自己是否理性及正面地剖析問題。一般而言，我們可以用以下兩種方法協助自己把不自主的負面思想提升至意識的層面：

（1）在面對某些生活事件並出現負面情緒時，我們可以問自己這個問題：「我是否用了一些負面不自主思想模式去瞭解和分析這項生活事件？」

（2）**把事件寫在紙上，並嘗試思索這事件是怎樣影響自己的思想、行為及情緒**。我們從中便可知道自己的負面思想模式及信念了。

當我們習慣了用這個方法去瞭解自己的思想模式及信念時，我們便可以不用把它寫在紙上。

▍自我反問的技巧

當我們察覺自己的思想中出現負面思想模式及信念時，我們可以用以下的自我提問方式來糾正這些思維：

（1）「是否有什麼證據可證明我這個想法是對的？」或「是否有什麼證據可以證明我這個想法是錯的？」——這兩個提問可以協助我們理性地分析事件或情況。例如，當我認為朋友是有意挑剔自己時，這兩個提問便可引導去尋找證據證明或推翻我的想法。

（2）「是否每個人處於同一情況下會跟我有同樣的想法？」——這個提問可以幫助我們瞭解到自己的想法不是唯一及絕對的想法，因此也不一定是對的。

（3）「從另外一個角度看這件事，我的想法是：……」——其實，每一件事情都可以有多個觀點及看法，自己的某個看法不一定是對的。

（4）「情況最壞的時候會是怎樣的呢？」——有些時候，我們會把事情災難化，認為事情已到了一個無法收拾及極壞的情況。其實，當我們細心審視事情時，我們便明白事情不是想像中的那麼壞。這個提問對於那些容易焦慮的人尤其有效。

（5）「如果我繼續從負面的角度想下去，對我會帶來什麼壞處呢？」或「如果我用一個新的想法去瞭解這件事情，對我會帶來什麼好處

呢？」——這兩個提問主要是協助我們衡量是否值得繼續擁有或應立刻放棄某個負面的想法。倘若我們明白某些負面思想模式及信念是經常影響着我們的焦慮情緒及行為時，我們便應該放棄某些負面的想法及信念。

第七單元

思想規條
與情緒的關係

本單元學習目標

完成本單元之後，您將會：

(1) 明白什麼是思想規條；

(2) 瞭解思想規條對自己的影響。

阿詩記事簿

相處難

　　阿詩自從辭去音樂老師的工作後，賦閒在家好長一段時間。最近，她在一間電腦及商科學校找到一份文職工作。一如既往，她常常覺得跟同事格格不入，無法與他們輕鬆自在地交談，每當她想開口跟同事攀談時，腦海就會自然想到：「同事各有專長，不是精於電腦就是會計專才，自己卻學非所用，現在只是個小文員，誰會有興趣跟你交往。」阿詩覺得大部分同事都有很豐富的工作經驗，做事快捷妥當，相反，自己無論做什麼事都比不上他們，跟他們交談就會顯得自己無知，惹來他們的恥笑。每每想到這些，她便會盡量避免跟同事交往。

　　此外，阿詩每天回到辦公室就開始覺得有壓力，因為無論上司給她任何職務，她都會逼着自己當天完成，她相信「當天工作當天做完才是一位稱職的員工」。所以，她從來不會向上司說：「今天可能趕不及，可否明天交給您？」正因如此，每當有工作應付不來時，她就會非常焦急不安，亦十分害怕跟上司說話，甚至會盡量逃避見面。

　　阿詩亦甚少出席朋友的約會，因為她覺得自己不懂打扮，衣著落伍，而且談吐乏味。而她總覺得說話風趣，打扮趨時，才會有人喜歡跟你做朋友。所以每每想到這些，她都會拒絕朋友的邀約。

一　一周檢查

在未開始進入本單元的練習前，首先問問您：過去的一星期裡，您有否完成一項讓自己「鬆一鬆」的行動呢？請根據您的個人經驗填寫下表：

行動內容：	
您**有**完成這項活動	您**沒有**完成這項活動
您的感覺如何？＿＿＿＿＿＿＿ ＿＿＿＿＿＿＿＿＿＿＿＿＿＿ 是否可短暫減低您的焦慮？ 是／否 原因：＿＿＿＿＿＿＿＿＿＿ ＿＿＿＿＿＿＿＿＿＿＿＿＿＿ ＿＿＿＿＿＿＿＿＿＿＿＿＿＿	沒有完成的原因：＿＿＿＿＿＿ ＿＿＿＿＿＿＿＿＿＿＿＿＿＿ ＿＿＿＿＿＿＿＿＿＿＿＿＿＿ ＿＿＿＿＿＿＿＿＿＿＿＿＿＿ ＿＿＿＿＿＿＿＿＿＿＿＿＿＿

二　個人的思想規條

每個人都有自己的一套對人和事的想法，那既是個人對自己和別人的期望、見解，亦是用來量度自己及別人的「標準尺」。這些期望及標準都是由我們各種生活經驗累積而來的。譬如說：

- 例子一：我是一個能幹的員工，在他人面前一定要口齒伶俐。
- 例子二：為了成功，我必須保持良好的人際關係，因此絕不可得失任何同事和朋友。

什麼是思想規條？

- 譬如「例子一」這個人認為能幹的人必須要有良好的口才，而口

才欠佳，即反映出辦事能力有限。故此，無論這個人出席任何場合，跟別人談話時都極力要求自己做到口若懸河，不可以說話期期艾艾，也不可以容忍說話的內容空洞無物。若然個人為自己訂下了如此嚴苛及缺乏彈性的思想規條，當然會為自己製造不少的壓力和焦慮了。

●「例子二」的人認為如果要成為社會上的成功人士，便必須跟身邊的人保持良好的人際關係，否則便難以成功，甚至不能在社會上生存。您若執着於這種想法，當跟某些朋友或同事在合作或處理問題上出現一些分歧（這是每天都有可能發生的事），甚或有少許衝突時，您便會異常焦慮和煩躁，甚至會覺得自己很失敗。

從上述的分析，讓我們看到若是過分執着於某些信念或想法，它不只為我們的生活添上很大的壓力，甚至成為我們生活的無形枷鎖，影響着我們與別人的交往。現在，且讓我們深入一點去瞭解什麼是個人的思想規條，和它對個人產生焦慮情緒的影響。

阿詩的思想規條

首先，從阿詩的個案開始，我們看到阿詩有她自己一套做人處事的想法，並深信這種想法需於日常的生活中予以履行，否則會不被別人及自己所接受，而這些想法便成為她的個人思想規條。

請試從「阿詩記事簿」之「相處難」中找出她擁有的思想規條，並在下面填寫：

(1) 與同事有關：＿＿＿＿＿＿＿＿＿＿＿＿＿＿＿＿＿＿＿

＿＿＿＿＿＿＿＿＿＿＿＿＿＿＿＿＿＿＿

(2) 與工作有關：＿＿＿＿＿＿＿＿＿＿＿＿＿＿＿＿＿＿＿

＿＿＿＿＿＿＿＿＿＿＿＿＿＿＿＿＿＿＿

(3) 與朋友有關：＿＿＿＿＿＿＿＿＿＿＿＿＿＿＿＿＿＿＿

＿＿＿＿＿＿＿＿＿＿＿＿＿＿＿＿＿＿＿

現在，請看看我們的答案吧：

(1) 與同事有關：　覺得必須有相若的背景、能力，否則同事不會有

　　　　　　興趣跟你打交道。

(2) 與工作有關：　當天工作必須當天完成，才是一位稱職的員工。

(3) 與朋友有關：　必定要説話風趣，打扮趨時，否則別人不會喜歡
　　　　　　　　　跟你做朋友。

　　無論您是否答對，讓我們一起分析這些思想規條的共通點：

　　(1) 存在着一些個人的信念，好像「覺得同事間彼此的背景、能力**必
須**要相若，否則別人不會有興趣跟你打交道」；「無論上司給你任何的
職務，你都**需要**在當天完成，否則就不是一位稱職的員工」等。

　　(2) 這些個人信念背後存在着做人的原則，以及對自己及別人的期
望。

　　(3) 倘若我們過分執着這些個人的信念，缺乏彈性地去處理不同的問
題，便給自己及別人帶來生活上的壓力及情緒上的困擾。

　　(4) 這些個人信念是從生活經驗中累積而成，因此，很多時候，我們
不自覺地以這些信念來規範我們的生活，並以它們作為行事的標準。

三　思想規條與思想陷阱的區分及關係

　　在探索您的思想規條前，讓我們對思想規條先多加一點認識。瞭解
思想規條與思想陷阱有什麼不同。試從下面六項特質中，分辨出哪些跟
思想陷阱和思想規條有關。

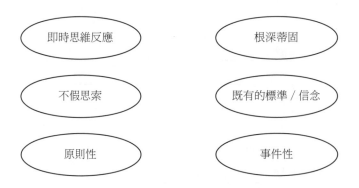

即時思維反應　　　　根深蒂固

不假思索　　　　既有的標準 / 信念

原則性　　　　事件性

	思想規條		思想陷阱
(1)	_____	(1)	_____
(2)	_____	(2)	_____
(3)	_____	(3)	_____

您答對了多少呢？請跟下表核對一下：

思想規條	思想陷阱
既有的標準／信念	即時思維反應
根深蒂固	不假思索
原則性	事件性

　　為何我們要區分這兩類思想元素呢？我們知道有兩種思想元素會影響個人的情緒：**思想陷阱**及**思想規條**。前者指出在不同的生活環節中我們往往會不自覺地對該情境作出即時的判斷及評價，因而跌進思想上的陷阱；只要我們及早察覺自己將會跌進或經已跌進某些陷阱時，我們便可運用五常法使自己跳出陷阱，從而離開焦慮的情緒狀態，瞭解及跳出陷阱有助我們在短時間內控制自己的焦慮情緒。

　　至於思想規條的影響，主要在於引導個人以某些信念和標準來衡量身邊的人和事物。這些思想規條較具**原則性**，並根深蒂固地藏在我們的思維裡。一般而言，這些信念是從小自生活經驗累積而成，它們影響個人在不同的生活環節中對人和事作出不同程度的期望。嚴格來説，思想規條並沒有對或錯之分，只是當人視這些思想規條為金科玉律，不可違反時，這些思想規條便會嚴重影響個人如何對應不同的生活處境，以及如何培養健康的生活態度。您是否希望可以改善您的焦慮問題？若是，那您必須改善您的思維方式，亦需要花些時間去檢視及改變自己的思想

規條。

　　現在，讓您做一個小練習，學習將自己的想法區分為思想規條和思想陷阱，看看自己能夠掌握多少？請圈出您認為對的答案：

想法	分類選擇
(1) 要有好的前途，必須擅於交際。	思想規條 / 思想陷阱
(2) 我這個人十分內向，哪會有好朋友？	思想規條 / 思想陷阱
(3) 快樂的人生是事事順利，沒有障礙。	思想規條 / 思想陷阱
(4) 他們處處跟我作對，叫我無法順利完成工作。	思想規條 / 思想陷阱
(5) 只有志同道合、興趣相投的人才會成為朋友。	思想規條 / 思想陷阱
(6) 他跟我的意見不一樣，根本很難做朋友。	思想規條 / 思想陷阱
(7) 付出必須有回報。	思想規條 / 思想陷阱
(8) 我付出了那麼多，為何他（男朋友）沒有丁點兒的回報？	思想規條 / 思想陷阱
(9) 氣死人，明明錯了，為什麼沒有人會指出來？	思想規條 / 思想陷阱
(10) 世上絕對有「對」與「錯」，對的應得到認同，錯誤的應必須否決 / 加以糾正。	思想規條 / 思想陷阱
(11) 您有事也不告訴我，我在您心目中算是什麼？	思想規條 / 思想陷阱
(12) 為什麼老天爺這樣不公平，她天生口才和樣貌都這麼出眾，而我兩方面都比她遜色！	思想規條 / 思想陷阱
(13) 世界必須要公平公正。	思想規條 / 思想陷阱

　　現在，請看看我們的答案吧：

想法	分類答案
(1) 要有好的前途，必須擅於交際。	思想規條
(2) 我這個人十分內向，哪會有好朋友？	思想陷阱

（續）

（3）快樂的人生是事事順利，沒有障礙。	思想規條
（4）他們處處跟我作對，叫我無法順利完成工作。	思想陷阱
（5）只有志同道合、興趣相投的人才會成為朋友。	思想規條
（6）他跟我的意見不一樣，根本很難做朋友。	思想陷阱
（7）付出必須有回報。	思想規條
（8）我付出了那麼多，為何他（男朋友）沒有丁點兒的回報？	思想陷阱
（9）氣死人，明明錯了，為什麼沒有人會指出來？	思想陷阱
（10）世上絕對有「對」與「錯」，對的應得到認同，錯誤的應必須否決／加以糾正。	思想規條
（11）您有事也不告訴我，我在您心目中算是什麼？	思想陷阱
（12）為什麼老天爺這樣不公平，她天生口才和樣貌都這麼出眾，而我兩方面都比她遜色！	思想陷阱
（13）世界必須要公平公正。	思想規條

　　現在，您或許對思想規條與思想陷阱的分別已經有了初步認識。但總的來說，思想陷阱是我們對身邊的人和事物第一個即時浮現出來的負面想法。但若果我們細心思考及分析這些即時及自然浮現的想法時，我們不難發現這些想法背後都可能包含或來自某些信念、原則與期望。

四　將思想規條秤一秤

　　個人的思想規條可以用來規範自己的處事行為，作為個人價值取向的準則。但不幸地，有時我們會錯訂了一些不合理的思想規條；有時即使訂下的思想規條尚算合理，但卻過分地執着遵從，不懂得彈性處理。當這些思想規條與我們的期望相違背時，我們就會感到焦慮和失望，甚至會出現一些更嚴重的危機。

　　試舉個例子：**我應該要盡量做到最好，免得上司對我作出負面的評價**。

● 作為下屬，能完成上司給予的工作，是一個合理的想法，對自己的工作盡責，更是工作應有的態度。但有時這個想法也可能成為一個硬性的思想規條，讓您以為只要是工作，便非要做到最完美不可，從沒有想過：如果放鬆一下，給自己留一點空間，事情會不會做得更妥當？是否其中一個工序做得不夠完美，上司便一定會責難您？上司是否真的會在每一項工作上詳細評估，甚至為難自己？

● 結果，您可能因為過於緊張自己的工作以致表現失準，因而對自己作出很低的評價，自尊心滑落。

● 把工作做好本來是一個合理的工作準則，但由於我們將它作為硬性規條，便會引發出上述的問題。若然這樣，您還要硬性保留和執行這些思想規條嗎？

我們需瞭解思想規條對自己所產生的影響，從而決定我們是否應該除去或放寬這些思想規條，幫助我們消除它所帶來的負面影響。希望您可以為自己的思想規條逐一衡量，由您自行評定哪些思想規條需要摒棄或放寬。

試就以下例子，憑自己的判斷力將思想規條秤一秤，衡量它們是否值得保留／放寬：

規條一：跟朋友相處時，無論他們對我有什麼要求，我都應該盡可能迎合他們，這才算得上是待人以誠。

這個思想規條在什麼情況下便不值得保留或需要放寬呢？

_____

_____

_____

請仔細想想：

待人以誠固然是好事，但這不等於要迎合朋友的所有要求，如果朋友的要求並不合理，並且在您的能力範圍以外，您還要遵從這樣的思想規條嗎？事實上，當您的能力有限，或當朋友的要求有違您的個人意願時，您更應該坦白向他們反映，而不應只圖討好和迎合他們。坦白地説出自己的感受，是更為真誠的表現。因此，這規條有不少修改和放寬的空間。

規條二：只有訓練出一流的人際溝通技巧，否則我日後便注定會失敗。

這個思想規條在什麼情況下才不值得保留或需要放寬呢？

請仔細想想：

是否所有工作都講求人際溝通技巧呢？相反，是否擅於交際，就等於工作一定會辦妥？怎樣的人際溝通技巧才算得上出色？沒有這些社交技巧是否就一定交不到朋友？如何才算是成功？

您會否過分看重個人的溝通技巧？其實，很多人的社交技巧並不特別出色，但也能結交到不少朋友，而且事業也不見得會因而受到阻礙。您根本不用為此而過分緊張，對嗎？

> **規條三：如果要人幫忙，我便是一個沒出息的人。**

在什麼情況下，這個思想規條才不值得保留或需要放寬呢？

_____

_____

_____

> **請仔細想想：**
>
> 　　有很多事情都非個人能力所及，若堅守這個思想規條，某些事情真的需要別人幫忙時，便會產生挫折感，失去自信，您覺得這是合理的嗎？

　　所以您需要瞭解思想規條對自己的影響，更需要對自己的思想規條作出反思。「將思想規條秤一秤」是希望透過您對自己某些思想規條的反思，瞭解它們是否對您造成不必要及不良的影響。

五　思想規條知多少？

　　知道阿詩本身擁有的思想規條後，您自己可有什麼思想規條呢？

「你」的思想規條有幾多？

　　現在，不妨先想想自己可有什麼思想規條，會導致當您身處某個生活環節時便會出現過分緊張、焦慮的情況，然後在下面空白的線條上寫下這些思想規條，讓自己來一次自我反省。若果沒有的話，就在上面畫一個笑臉，或寫下一句稱讚自己的話。

(1) 您**個人**的思想規條（待人處世的態度、個人成就及價值、行為習慣等），例如：**如果將自己的弱點告訴別人，別人便會看不起我了。**

a. _____

b. _____

c. _____

哪一項思想規條對您帶來最大的影響？	影響的程度（100%滿分）	值得保留嗎？	原因
		值得 / 不值得	

(2) 對**工作**的思想規條（對同事的期望、自己作為員工的態度及價值、工作表現等），例如：**在上司面前必須做到最好，才會被認為是個能幹的人。**

a. _____

b. _____

c. _____

哪一項思想規條對您帶來最大的影響？	影響的程度（100%滿分）	值得保留嗎？	原因
		值得 / 不值得	

(3) 對**朋友**的思想規條（對朋友的期望、作為朋友的態度及價值、

朋友相處之道），例如：**在朋友面前必須謹言慎行，否則他們便會討厭我。**

a. _____

b. _____

c. _____

哪一項思想規條對您帶來最大的影響？	影響的程度（100%滿分）	值得保留嗎？	原因
		值得／不值得	

(4) 對**同事／同學**的思想規條（對同事／同學的期望、態度及價值，同事／同學間的相處等），例如：**在同事面前不可以犯錯，因為他們總會利用機會來踐踏自己。**

a. _____

b. _____

c. _____

哪一項思想規條對您帶來最大的影響？	影響的程度（100%滿分）	值得保留嗎？	原因
		值得／不值得	

(5) 除了上述的思想規條外，還有什麼生活處境會令您特別緊張（如

讀書考試、向上司滙報工作、跟親屬聚會等），將您身處該等情境時可能會有的思想規條也寫下來吧！

a. _____

b. _____

c. _____

哪一項思想規條對您帶來最大的影響？	影響的程度（100%滿分）	值得保留嗎？	原因
		值得 / 不值得	

　　每個人都會擁有某些個人的思想規條，您需要瞭解思想規條對自己的影響，更需要對自己的思想規條作出反思。

六　習作──從負面思想找出思想規條

　　要確定個人的思想規條，您需要多加練習。現在，讓我們以阿詩和阿健為例，做些小練習吧！

　　我們要進入「時光倒流一星期」，透過阿詩與阿健的記事簿內容（**引發事件**），找出他 / 她們的一些即時想法（**思想陷阱**），來推敲出他 / 她們背後的（**思想規條**）：

　　☆ 請參考單元六的阿詩和阿健的記事簿

　　(1)「阿詩記事簿」之「赴約」

　　a. 阿詩：「Nancy一向都聰明伶俐，談吐得體；我倆多年沒見面，她已經是一位成功的專業人士，而我卻越來越追不上時代，不只説話乏味，樣子也變得很土，跟她一起，更加相形見絀。」

　　這個想法背後所包含的信念 / 原則及期望：_____

_____

_____（思想規條）

b. 阿詩：「Nancy一會兒見到我現時的模樣，定會嚇了一跳，我何苦走來這裡現世哩！」

這個想法背後所包含的信念／原則及期望：_____

_____

_____（思想規條）

(2)「阿健記事簿」之「推銷日」

a. 阿健：「無論我用何種方式表達，總有讓人不滿意的地方，客人一定會覺得我講解乏味，計劃亦終究不會獲得接納。」

這個想法背後所包含的信念／原則及期望：_____

_____

_____（思想規條）

b. 阿健：「如果計劃不獲接納，主管定會認為我力有不逮，並會利用這機會辭退我。」

這個想法背後所包含的信念／原則及期望：_____

_____

_____（思想規條）

現在，請看看我們的答案吧！

(1)「阿詩記事簿」之「赴約」

a. 阿詩：「Nancy一向都聰明伶俐，談吐得體；我倆多年沒見面，她已經是一位成功的專業人士，而我卻越來越追不上時代，不只説話乏味，樣子也變得很土，跟她一起，更加相形見絀。」

這個想法背後所包含的信念／原則及期望：　阿詩認為個人的談

吐、事業成就、社會身份等都很重要。阿詩期望自己口齒伶俐，成為與時並進的女性。 （思想規條）

b. 阿詩：「Nancy一會兒見到我現時的模樣，定會嚇了一跳，我何苦走來這裡現世哩！」

這個想法背後所包含的信念／原則及期望： 認為個人的外表很重要，足以影響與朋友建立關係。阿詩期望與朋友見面時，可以展示自己最美好的一面。 （思想規條）

(2)「阿健記事簿」之「推銷日」

a. 阿健：「無論我用何種方式表達，總有讓人不滿意的地方，客人一定會覺得我講解乏味，計劃亦終究不會獲得接納。」

這個想法背後所包含的信念／原則及期望： 認為若要計劃獲得接納，說話技巧比實質內容更為重要。阿健期望自己有良好的表達能力、說話技巧。 （思想規條）

b. 阿健：「如果計劃不獲接納，主管定會認為我力有不逮，並會利用這機會辭退我。」

這個想法背後所包含的信念／原則及期望： 認為每項計劃都要做到最完美，否則就是自己能力有問題。阿健期望自己每項計劃都做到最好，獲得客戶的接納。 （思想規條）

七 「情緒溫度計」與「身心思維自我分析表」

情緒溫度計

您的情緒指數是：(請圈出您認為最恰當的分數，0分最差，10分最好。)

情緒 溫度計	0	1	2	3	4	5	6	7	8	9	10

在上一單元，您的情緒指數是＿＿＿＿分。

在本星期，您的情緒指數平均是＿＿＿＿分。

您做了些什麼使自己的分數較上星期高了些？＿＿＿＿＿＿＿＿

您在未來一星期可做些什麼來提升自己的分數：＿＿＿＿＿＿＿＿

▌身心思維自我分析表

請先選取一項過去一星期令您產生焦慮情緒的生活處境（可參考「焦慮排行榜」）：

	當時處境	如何運用五常法
身體變化 （警告訊號）		**(1) 按停：按停身體警告訊號** ⋯⋯⋯⋯⋯⋯⋯⋯⋯⋯ ⋯⋯⋯⋯⋯⋯⋯⋯⋯⋯ ⋯⋯⋯⋯⋯⋯⋯⋯⋯⋯
當時想法	⋯⋯⋯⋯⋯⋯⋯⋯⋯⋯ ⋯⋯⋯⋯⋯⋯⋯⋯⋯⋯ 思想陷阱類別：（可能多於一種） ⋯⋯⋯⋯⋯⋯⋯⋯⋯⋯ ⋯⋯⋯⋯⋯⋯⋯⋯⋯⋯ 想法背後可能隱藏着什麼思想規條？ ⋯⋯⋯⋯⋯⋯⋯⋯⋯⋯ ⋯⋯⋯⋯⋯⋯⋯⋯⋯⋯	**(2) 腦袋停一停：**（有何方法／提醒說話，助您暫停負面想法） ⋯⋯⋯⋯⋯⋯⋯⋯⋯⋯ ⋯⋯⋯⋯⋯⋯⋯⋯⋯⋯ ⋯⋯⋯⋯⋯⋯⋯⋯⋯⋯ 這個想法是否值得保留： □ 值得／□ 不值得 原因：⋯⋯⋯⋯⋯⋯⋯⋯ ⋯⋯⋯⋯⋯⋯⋯⋯⋯⋯

（續）

情緒反應		(3) 自我反問：反駁自己的思想陷阱
		....
		....
		建立正向思維：新觀點、新角度
		....
		....
		....
行為反應		(4) 分散注意力：小行動
		....
		....
		(5) 聰明卡：人生雋語
		....
		....

八　行動起來，鬆一鬆！

又到「鬆一鬆！行動表」這個環節，在這個星期，您打算去尋找或尋回哪些能讓自己放鬆的事情呢？快完成以下練習吧！

鬆一鬆！行動表

在未來一星期內，您打算完成哪一項能夠放鬆心情的行動呢？

活動：	
日期：	時間：

預祝您的行動成功！

九 小結

每個人都有自己的一套思想規條，這些規條未必對我們的情緒帶來什麼影響，但有些卻肯定會為我們帶來焦慮與不安。正因如此，我們認為有必要重新檢討及判定究竟有哪些思想規條對我們的生活會造成影響；若我們辨識出某些思想規條會在一些生活環節中為我們帶來焦慮，那麼，我們就必須對這些思想規條重新反思，然後予以放寬或摒棄。

十 補充資料

1. 為何身心鬆弛是那麼重要？

鬆弛和緊張都是一種身心的感覺。當我們感到緊張時，我們的身體都可能會出現以下的症狀：呼吸急促、心跳加快、肌肉緊張及面紅耳赤等等。這些症狀的出現就好像一個警告訊號，說明我們的身體已進入了一個緊張的狀態。根據不少的臨床研究報告結果顯示，倘若我們的身體處於極度緊張的狀態時，我們很難冷靜及有系統地分析事物及尋求解決方法。因此，緊張的情況便會循環不息地惡化下去。另一方面，一些長期處於緊張的狀態的人，會較容易出現負面情緒，例如，容易發脾氣、憤怒等等。另外，長期緊張的人亦會容易出現以下的種種疾病：心臟病、胃潰瘍、緊張性頭痛、高血壓和心臟病等。反之，當我們感到鬆弛的時候，會覺得身體肌肉鬆軟，身心舒暢，有如置身於一個極為優美和寧靜的環境中。

其實，引致身心緊張的因素十分之多，但總括可以分為內在因素及外在因素兩方面。外在因素包括：(1) 長期面對生活壓力，例如繁重的工作及經濟困擾等；(2) 面對重大的生活轉變，如結婚、親人逝世、失業等；及 (3) 人際相處上的問題，例如夫妻之間的爭執、同事間的不和等。而內在個人因素方面，一般是指在面對外在因素的纏擾時，個人本身是怎樣理解及處理該問題而導致身心更為緊張。在思維方面，倘若我

們認為某些事情會為自己帶來傷害、損失或挑戰，身體便會不自覺地產生緊張的反應；另一方面，如果我們認為自己有能力應付所面對的問題時，我們便不會感到那麼緊張。反之，若我們把事情視為難於解決的問題時，我們的身體便會緊張起來。這個立論告訴我們，外在的環境因素不一定會直接引起緊張的身體反應，而是我們怎樣評估外在因素的嚴重性及自我解決問題的能力所導致的。

無論原因在哪裏，當我們的身心感到緊張時，我們必須有效地調適這種緊張的狀態。從文獻中，我們可以把現在已知的鬆弛方法分為以下兩大類型：(1) 即時舒緩身心緊張的鬆弛方法，例如深呼吸技巧訓練；(2) 長期的身心鬆弛練習，如肌肉鬆弛法和意象鬆弛法等。前者的主要功用是協助當事人在極度緊張的情況時，怎樣盡快地讓自己可以平伏緊張的心情及冷靜地處理面對的問題。後者的作用是幫助當事人在日常生活中建立一個較為輕鬆的身心狀態。如果我們經常進行鬆弛練習，身心便會得到調適，不至於長期處於緊張的狀態。

以下，我們會向大家介紹幾種身心鬆弛的方法，包括：意象鬆弛法、肌肉鬆弛法及呼吸鬆弛法。

2. 意象鬆弛法

意象鬆弛法是主要透過一些幻想將自己投入於一個正面的、舒服的情境內，令自己有輕鬆的感覺。在帶領自己做練習時，盡量以「低沉」的聲音慢慢地在「心裡」描述一些舒服的情境，您亦可以預先製作有輕音樂背景的錄音帶，然後自己跟着已錄製好的指引來做練習。但是，無論是「即時在心裡想或製作錄音帶」切勿把情境的內容複雜化，人物、事物、景象只求簡單，內容重複亦無妨。指導時，可以特別強調「感覺個人的平靜感」，並鼓勵自己平日多加練習，每次提醒自我指導時要注意上述的練習原則。

例子（即時作自我指導的做法）：

首先，請您尋找一個舒適及寧靜的位置，並可以選擇是否要把眼

鏡、手錶或鞋襪脫去。

　　跟自己說讓我安靜下來後,我現在開始誦讀一段故事給自己(**當然是已預先準備的一段故事或參考以下的例子**),引領自己進入一個輕鬆愉快的情景中。其內容是描述一個舒服及寧靜的環境,這時您必須在心中盡量以「低沉」的聲音慢慢地及輕輕地描述。

　　現在開始了,您先在心裡說:

　　　　讓我輕輕的閉上眼睛,現在嘗試排除雜念,首先注意自己有節奏的呼吸,我正在吸氣及呼氣,集中注意自己的呼吸節奏,排除心中的雜念,集中注意自己的呼吸節奏,現在我進入一輕鬆的世界裡,我要用「心」去感覺那世界,現在我身處於一個了無人跡的沙灘上,我現在身處於一個了無人跡的沙灘上,盡量去想想我現在身處於一個了無人跡的沙灘上 (停頓三秒,盡力去想),和暖的太陽光線照射在我的臉上,去感覺那和暖的太陽光線照射在我臉上的那種舒服的感覺,去感覺那種舒服的感覺,去感覺那種舒服的感覺(停頓三秒,盡力去想)。天空上的沙鷗自由自在地展翅翱翔,我要用「心」去欣賞沙鷗自由自在地展翅翱翔,用「心」去欣賞沙鷗自由自在地展翅翱翔,我現在有一種舒服的感覺(停頓三秒,盡力去想),用我的「心」去欣賞沙鷗自由自在地展翅翱翔,沙鷗的翱翔動作很優美,沙鷗的翱翔動作很優美,用我的「心」去欣賞沙鷗優美的翱翔動作。由和暖的太陽光線照射在我的臉上……(開始重複兩次。)

　　　　我要集中感覺自己的輕鬆感,我現在覺得放鬆了很多,感覺自己現在舒服的感覺,我可以張開眼睛了,現在我已經完成了意象鬆弛練習了。

3. 肌肉鬆弛法

肌肉鬆弛法是以使用收緊放鬆對比(tension-relaxation contrast)

的效應，指導自己作練習時必須把焦點放在「肌肉放鬆」時那種輕鬆舒服的感覺上，從而達致某種放鬆的效果。但是，假若您曾經身體嚴重受傷，肌肉抽筋或有背傷問題等，做這練習前您必須先諮詢醫生的意見。這練習宜餐前做，以免影響消化。另外，亦不宜想馬上入睡前做，這會使您花較長的時間才能入睡。可能的話，盡量坐在椅子上做。

　　首先，請您尋找一個舒適及寧靜的位置，並可以選擇是否要把眼鏡、手錶或鞋襪脫去。在練習的過程時您需要把某一組肌肉「用力收緊」，並維持三至五秒，然後即時把該組肌肉放鬆，彷彿進入無力狀態似的。同時，不斷在心裡提醒自己去「感受放鬆那一刻的舒服感覺」（**這一點非常重要，切勿只顧着肌肉的收緊或放鬆**）。現提供筆者所設計的濃縮簡單版的例子：

　　步驟如下：

　　——選一張有靠背的椅子坐下；

　　——腳板要完全着地，務求坐得舒服；

　　——然後合上眼睛，讓肌肉逐步鬆弛，告訴自己進入無力狀態似的（停頓三秒，盡力去想自己已進入無力狀態似的）；

　　——先由手部做起，把雙手下垂伸直，兩手同時握拳，用力握拳，大力一點，可用盡您自己的力量，同時感覺手臂的肌肉亦收緊，維持三秒，一、二、三，放鬆，保持放鬆狀態三秒。重複一次，兩手用力握拳，同時感覺手臂的肌肉亦收緊，維持三秒，一、二、三，放鬆，馬上去感覺「肌肉放鬆」時那種輕鬆舒服的感覺，好像有股暖流由手臂流向手指處似的，集中注意力用「心」去感覺這感覺。保持放鬆狀態三秒；

　　——現在把腳伸直，「腳尖」離地，把腳尖用力向內壓，維持三秒，一、二、三，放鬆，一、二、三，保持放鬆狀態三秒。重複一次，把腳尖用力向內壓，維持三秒，一、二、三，放鬆，感覺「肌肉放鬆」時那種輕鬆舒服的感覺上，保持放鬆狀態三秒；

　　——再把腳尖用力向內壓，同時用力收緊小腿肌肉及大腿肌肉，維持三秒，一、二、三，放鬆。然後放鬆三秒，一、二、三。重複一次，

把腳尖用力向內壓，同時用力收緊小腿肌肉及大腿肌肉，維持三秒，一、二、三，放鬆。然後放鬆三秒，去「用心」感覺「肌肉放鬆」時那種輕鬆舒服的感覺上，在心裡告訴自己好像有股暖流由大腿流向小腿處似的，盡量「專心」感覺這感覺；

——兩手握拳，兩前臂向上提至與上臂約45度角，兩肩膊微向內彎，然後用盡力收緊小腹，同時感覺胸部肌肉亦收緊，維持三秒，一、二、三，放鬆。重複一次，用盡力收緊小腹，同時感覺胸部肌肉亦收緊，維持三秒，一、二、三，放鬆，馬上感覺「肌肉放鬆」時那種輕鬆舒服的感覺上，維持三秒，一、二、三；

——縮頸，同時「用力」合嘴及緊閉雙眼，使頸及面部肌肉都極度收緊，維持三秒，一、二、三，放鬆。重複一次，縮頸，同時「用力」合嘴及緊閉雙眼，使頸及面部肌肉都極度收緊，維持三秒，一、二、三，放鬆，馬上感覺「肌肉放鬆」時那種輕鬆舒服的感覺上，維持三秒，一、二、三；

——如此再從手部做起，重複兩次，過程完全與上述做法一樣；

——然後，集中注意自己的呼吸；

——開始吸氣默數：一、三、五、七、九、停，然後呼氣；

——呼氣時默數：二、四、六、八、十、停，然後吸氣，呼吸練習重複兩次。現在馬上感受一下鬆弛的經驗。平日多加練習，恆之有效。

4. 呼吸鬆弛法

在這裡所介紹的呼吸鬆弛法特別適合作情緒控制之用。作法是當您意識到生理警報系統出現生理反應時，即代表負面情緒反應已出現；這時，可以運用有節奏的呼吸，透過有節奏的「自然呼吸法」，令自己達致鬆弛的效果，這亦是分散注意力的好方法。把自己帶進較冷靜的心境。另外，亦可以在緊張或處於壓迫性的環境時使用此法，原則是把所有的專注都放在有節奏的呼吸上，在心中以「1」代表吸氣，並維持二秒至三秒，然後，閉氣二秒，再以「2」代表呼氣，並維持二秒至三秒

的方式來進行此練習，將有效達致某程度上的放鬆效果。

例子：

● 您可以尋找一個安靜及舒適的位置，甚至在地鐵、巴士或其他地方亦可以做（最好平日多加練習，到了真的在緊張或處於壓迫性的環境時使用此法，效果則更為明顯）。

● 然後指導作呼吸鬆弛練習：

——在心裡默數「1」代表吸氣，並維持二秒，然後「2」代表呼氣，並維持2秒。

——開始在心裡喊「1」維持二秒，然後閉氣二秒，再在心裡喊「2」維持二秒。整個練習為時約一分鐘。

——這時在心裡告訴感受到身體因調節呼吸後而出現的鬆弛狀態。

第八單元

改寫「思想規條」

本單元學習目標

完成本單元之後，您將會：

(1) 進一步瞭解思想規條及其影響；

(2) 學習一些改寫思想規條的方法。

阿詩記事簿

苦惱何處來

　　阿詩現時在電腦及商科學校工作，若接待處的同事放假，她便要接替該工作崗位，這是她最苦惱的事，因為每次都要應付不同學生的查詢。雖然一般的查問她都可以即時回答，但若某些問題需要花些時間核對資料而令別人稍候多點時間，她就會感到很煩躁，覺得自己的工作未如理想，浮現出自責的想法：「做一位稱職的接待員，一定要很快就能解答到學生的查詢。如果我無法立即回答到學生的提問，我便不是一位勝任的接待員。」另方面，她覺得自己不懂得打扮，也不適合在接待處工作。她認為：「如果要做一位成功的接待員，除了要口才了得，也要懂得衣著打扮。」

　　阿詩在接待處工作還有另一個煩惱，就是覺得跟同事格格不入。除了學生，她還要應付外來人的查詢，若同時間有多人走來查問，她便不得不找同事協助；但如果她需要同事幫忙，而他們未能給予協助時，她便會十分焦慮及生氣。

一 一周檢查

在未開始進入本單元練習前，我們先想問問您，在過去一星期有否完成一項讓自己「鬆一鬆」的活動呢？

行動內容：	
您**有**完成這項活動	您**沒有**完成這項活動
您的感覺如何？＿＿＿＿＿＿＿ 是否可短暫減低您的焦慮？ 是／否 原因：＿＿＿＿＿＿＿＿＿＿ ＿＿＿＿＿＿＿＿＿＿＿＿＿ ＿＿＿＿＿＿＿＿＿＿＿＿＿	沒有完成的原因：＿＿＿＿＿ ＿＿＿＿＿＿＿＿＿＿＿＿＿ ＿＿＿＿＿＿＿＿＿＿＿＿＿ ＿＿＿＿＿＿＿＿＿＿＿＿＿ ＿＿＿＿＿＿＿＿＿＿＿＿＿

二 改寫思想規條

1. 思想規條

還記得什麼是思想規條嗎？那就是上一單元所說每個人用作衡量自己及別人的標準尺規，亦即是對自己及別人的衡量標準。

當然，每個人對自己或別人都會持有某些衡量標準，這樣有助我們去判斷事情的好歹及價值。問題是我們應如何去設定這套標準，以及我們該如何靈活地運用——標準訂得太高或太低、運用不得宜或矯枉過正，都會帶來負面的後果。因此，我們要學懂如何靈活地修正我們的不合理的思想規條。

如何改寫自己的思想規條？

每個人的思維都存在一些可取和不可取的思想規條。請看看以下兩則：

- 為了成功，我**必須**保持良好的人際關係，**絕不可**得失任何同事和朋友。

- 跟異性相處時**必定**要儀容整潔、待人大方有禮，否則對方便會討厭我。

驟眼一看，這些思想規條可能符合某些人的標準尺規，但肯定不會被所有人接受，並且也不見得完全合理。您可以如何將它們摒除或把它們放寬呢？

2. 心戰口訣

要學習改寫思想規條，我們便要重新思考，以擺脫思想規條對我們與他人交往時的掣肘。以下是五則**心戰口訣**，助您修改不合理的思想規條。

〈心戰一〉寬鬆一尺，開心一丈

凡事都不能過於執着或堅持，因為期望未必與現實相符。另外，無法實踐或完成的期望，會使自己及身邊的人不高興和不滿。緊記：「退一步海闊天空」。同時，要問自己：「繼續執着下去，對自己及他人會有什麼影響呢？」

〈心戰二〉打破傳統，與時並進

有些思想規條是我們從傳統文化下潛移默化地學懂並接受下來。一些僵化的文化觀念未必適用於現代社會。倘若我們堅持把傳統觀念套用於現今的生活中，我們會給自己和別人製造很多不必要的矛盾及苦惱。

〈心戰三〉善待自己，放輕責任

　　有些人把一些思想規條看成為一些絕對的標準和責任，並認為倘若達不到標準和未能完成責任便是徹底的失敗。在這樣的情況下會為自己和別人帶來無窮壓力，並為實踐責任而疲於奔命，在無法完成責任時，更會因此而失望沮喪。

〈心戰四〉善待他人，切莫強求

　　有時候我們不自覺地把自己的一些信念及價值觀加諸別人身上，要別人遵行我們認為是對的行為表現。一旦別人無法遵照我們的想法行事時，自己固然會感到不快，亦會不滿對方的處事方式。

〈心戰五〉規條我定，修訂亦然

　　各人對同一種思想規條的看法不一，當我們把它看為絕對正確的生活及行為指標時，我們及身邊的人很可能會因而受到壓力，及感到不滿。但如果我們選擇用另一個角度去看這些思想規條，並加以放寬，我們和身邊的人都可能感到輕鬆一點。您願意**選擇**去改寫自己的思想規條嗎？

　　若您能熟習上述「心戰」的五個口訣，定能幫助您免除很多不必要的煩惱。

三　改寫思想規條的方法

1. 另立新方向

　　當我們發覺某些思想規條並不合理、沒有必要遵從時，我們便需進一步學習如何去重新思考，為思想規條另立新方向。**以下例子，將為您解說如何為思想規條另立新方向：**

　　規條一：成功的人士必須保持良好的人際關係，絕不可得失任何同事和朋友。

☺ 好處／幫助：可以學習建立良好的人際網絡。

☹ 壞處／不良影響：每個人性格和好惡都不同，而且對事物也有不同的價值取向，當我們強求自己凡事迎合他人的喜惡，事事不敢向別人表達不同的意見和不滿時，我們便會變得過分壓抑自己，最後更可能變成沒有原則的人，迷失自我，凡事以他人喜好為是。

• 請細想：好的人際關係或許有助您事業上成功，但兩者卻沒有必然的因果關係。同時，理性地細想，您是否可以永遠都不得失別人？如果向別人表達不同意、不滿，甚至批評，是否就一定不會成功？

心戰口訣：寬鬆一尺，開心一丈

• 腦筋轉一轉，思想規條新方向：保持良好的人際關係，當然有利工作，但當遇上原則性和價值判斷的問題時，也不一定要全盤迎合他人，我可以先嘗試尋求共識和學習互相諒解啊！

規條二：做任何事情都必須做到最好，免得別人對我作出負面的評價。

☺ 好處／幫助：幫助自己盡責地完成別人所給予的工作。

☹ 壞處／不良影響：即使抱着一種極端「完美主義」的心態，也不等於真的可得到完美的結果；反之，您可能因為過於緊張自己的表現、太在意別人的眼光，而把事情搞垮，並因此對自己作出很低的評價，自尊心更為低落。

（續）

　　● 請細想：別人是否真的要求您完美無瑕地完成所有工作？如果是的話，這要求又是否合理？另外，究竟是別人要求您事事完美，抑或是個人對自己的要求？如果您不能學會降低對自己的要求，結果將會怎樣呢？

心戰口訣：善待自己，放輕責任

　　● 腦筋轉一轉，思想規條新方向：對自己有要求並不是壞事，但卻不用事事追求完美，要知道世界上並無完美的人，只要盡力將事情恰當地辦妥便可以。況且，一件事情能否做得好，需要天時、地利的配合，不單是個人能力的問題。

　　規條三：朋友必須遵守對自己的承諾，全力以赴地完成責任。

　　☺ 好處／幫助：朋友能完成對自己的承諾自然是美事。
　　☹ 壞處／不良影響：一旦朋友無法完成對自己的承諾，我們便會感到十分失望，也可能因此而斷絕關係。

　　● 請細想：朋友完成不了對自己的承諾，確是一件憾事；但要強求他完成無法履行的責任，對自己，對他有什麼好處呢？況且，您需要反問自己：我對他的要求是否過高呢？

心戰口訣：善待他人，切莫強求

　　● 腦筋轉一轉，思想規條新方向：如果朋友無法完成承諾，也許他有什麼原因致使事情無法完成。如果我重視朋友的感情，可否不要繼續強求！可能有一天，我也會無法履行對他的某些承諾哩。

　　規條四：作為女士，跟異性相處必須大方得體，無論說話還是用餐都要非常小心，不可出醜。

　　☺ 好處／幫助：在社交場合上有儀態，也是對人的一點禮貌。

　　☹ 壞處／不良影響：過份強迫自己的行為舉止不可出錯，對自己過分規管，會給自己很大壓力，並可能因此使自己不懂（或懼怕）跟異性相處。

　　• 請細想：社會對女性的定型，其實已不如以前般死板了，只要對他人有基本的尊重，間中講錯話或者打翻醬油也沒有什麼大不了。兩性相處也可以放鬆一點了，是嗎？

　　　　　　　心戰口訣：打破傳統，與時並進

　　• 腦筋轉一轉，思想規條新方向：跟異性相處其實禮貌最重要，現今社會對女性已沒有以往的苛刻規範，以輕鬆的心態去面對。

　　規條五：同事之間必須和諧共處，要不然便會出現很多矛盾和衝突。

　　☺ 好處／幫助：能夠和諧共處，當然可以讓大家工作時心情愉快，亦可以令工作更為順暢。

　　☹ 壞處／不良影響：您硬要製造和諧氣氛，避免衝突，這只會將情緒過度抑壓，終有一天會爆發出來。

　　• 請細想：矛盾和衝突本是必然存在的事實，無可避免。況且，衝突也不一定是壞事，相互間可透過解決問題而達致更深入的瞭解和尊重。

（續）

心戰口訣：規條我定，修訂亦然

● 腦筋轉一轉，思想規條新方向：只要我不讓矛盾和衝突延續下去，並在適當的時機提出來討論，問題定可得到解決。

　　除了學習改寫思想規條以外，您還可以用以下兩個方法去幫助自己放寬思想規條。它們就是：常問自己「是否值得執着下去？」，以及「思想規條寬鬆尺」。

2. 是否值得執着下去？

　　很多時候，我們不難發現自己對某些思想規條表現過於執着，不願放棄身邊某些信念，故而對自己或別人作出過高的期望。但某些期望可能永遠無法達成，而我們又不甘願放棄。

　　試看這樣的一個譬喻：「一位母親認為孩子一定要升讀大學才算成才，結果子女的能力未能達到母親的要求，故對雙方構成很大的壓力，甚至影響雙方的感情和關係。」究竟，母親這種執着是否值得堅持呢？

　　因此，我們鼓勵母親反問自己：

　　如果我再執着這項思想規條＿＿＿＿＿＿＿＿＿＿＿＿＿＿＿，對我及＿＿＿＿＿＿＿＿（對方）有什麼影響呢？這樣做值得嗎？

3. 思想規條寬鬆尺

　　您可以運用「思想規條寬鬆尺」來幫助自己量度對別人的期望**是否過高或是否合理**。同時，您亦可以提出具體的方案來改變對別人的期望。

　　例如：您期望孩子一定要升讀大學方可成才，相反，他讀不上大學

便一定會一事無成，他的將來更是暗淡無光。在這種情況下，您可以做以下的練習，幫助自己反思。請寫下：

(1) 您認為孩子**最理想**及**最不理想**的情況是怎樣？

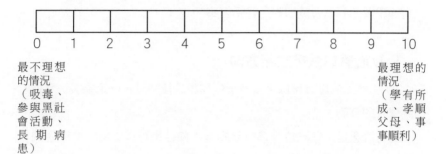

(2) 請您仔細的想想自己孩子的情況，他在「寬鬆尺」所得的分數是多少？您的孩子雖然升讀不上大學，但絕不是不理想的壞孩子。同時，他升不上大學，他的生活及人生也不見得「暗淡無光」。或許，他只不過像鄰家的孩子，生活一般而已，在寬鬆尺上可能只得5分；但您因個人的信念，硬要他變成9-10分的孩子，這樣的要求合理嗎？他真的可以成為9-10分的孩子嗎？

(3) 如果您仔細地想想孩子在其他方面的好處及優點，您會否改變之前所給予他的分數呢？當我們放下對孩子的某些期望，並想想孩子其他方面所長，我們不難找到他的優點。或許，您會給他6-7分哩。

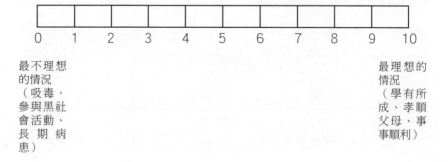

四 阿詩的再戰規條

從阿詩的個案中，我們看到她不時被一些思想規條所苦惱。我們已把這些規條列出來，您能否給她幫個忙，運用您學懂的方法來助她將思想規條擊敗，我們會隨即附上建議答案。

1. 以心戰口訣另立新方向

(1) 工作上的思想規條：「做一位稱職的接待員，一定要很快就能解答到學生的查詢。」

她的信念是：做一位好接待員的基本條件是可以即時回答學生的提問。

- 您覺得這個想法對阿詩有什麼影響呢？

_____

- 您可以怎樣幫助阿詩改寫這思想規條？

_____

- 您運用的心戰口訣是：_____

> 建議答案
>
> 這個想法對阿詩的影響
> 我們認為：　阿詩總會有機會無法立即回答學生的問題，她一旦遇上這種情況，便會責備自己的工作表現而感到沮喪。
>
> 我們會為阿詩的思想規條作出修訂
> 現在寫為：　如果能即時解答到學生的詢問固然很理想，但若要花點時間去找資料回答也是常有發生的事，每位做接待工作的同事都曾遇過，這與自己的工作能力沒有必然的關係。
>
> 我們運用的心戰口訣是：　善待自己，放輕責任

(2) 工作上的思想規條：「如果要做一位成功的接待員，除了要口才了得，也要懂得衣著打扮。」

她的信念是：一位成功的接待員，必須口才了得，懂得衣著打扮。

- 您覺得這個想法對阿詩的情緒有什麼影響呢？

_____

- 您可以怎樣幫助阿詩改寫這思想規條？

_____

- 您運用的心戰口訣是：_____

建議答案

這個想法對阿詩情緒的影響

我們認為：　阿詩很可能會因此常留意自己的衣著打扮，而這方面非她所長，徒為她增添不少無形壓力，更容易引發她的焦慮。同時，她會時常留意別人的言行舉止，並可能誤以為別人事事對她評頭品足，這一來為自己加添不少壓力。

我們會為阿詩的思想規條作出修訂

現在寫為：　一位成功的接待員，主要是以誠及有禮待人，衣著只是點綴而已。

我們運用的心戰口訣是：　寬鬆一尺，開心一丈

---

(3) 同事方面的思想規條：「同事間一定要互相幫助，有問題要立即給予援手。」

她的信念是：若有問題出現，同事要第一時間給予援手。

- 您覺得這個想法對阿詩的情緒有什麼影響呢？

_____

- 您可以怎樣幫助阿詩改寫這思想規條？

_____

- 您運用的心戰口訣是：_____

建議答案

這個想法對阿詩情緒的影響
我們認為：　若問題出現，一時間得不到同事的協助，或自己不可以即時給同事
予以援手，兩種情況都會令阿詩感到不快，有挫敗的感覺。

我們會為阿詩的思想規條作出修訂
現在寫為：　同事當然應該互相幫助，但很多時各有要務在身，一下子分身不暇
在所難免，自己不必太介懷，大家盡了力便可以。

我們運用的心戰口訣是：　善待他人，切莫強求／善待自己，放輕責任

2. 阿詩，您是否值得執着下去？

以阿詩的情況而言，她認為：如果要做一位成功的接待員，必須要口才了得，也要懂得衣着打扮。

↳ 如果我硬要自己事事口才了得，衣着打扮趨時，這樣對自己有什麼影響呢？

_____

_____

↳ 如果我執着下去，是否值得呢？

_____

_____

3. 阿詩借來了「思想規條寬鬆尺」

同樣地，阿詩也可以用「思想規條寬鬆尺」來幫助自己。

作為一位接待員，阿詩初期只給自己2分：

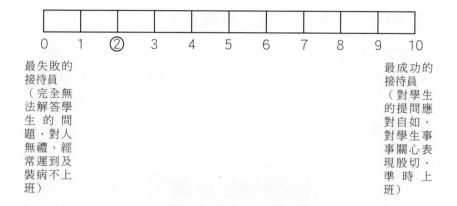

● 分析：當阿詩仔細分析自己的情況，她明白到自己雖然算不上口齒伶俐，也沒法每件事都可以即時回答到學生的查詢；她卻絕對是待學生以誠及盡量以自己所知去回答學生。同時，她的衣著雖趕不上潮流，也算是一般「白領」的上班服飾，分析過後，她給自己6分。但她再細想下去，知道工作上自己是個盡責的人，忠於職守，最後決定給自己7分。經過這次深入的思考及對分數的調整，她感到如釋重負，工作的壓力大大減少！

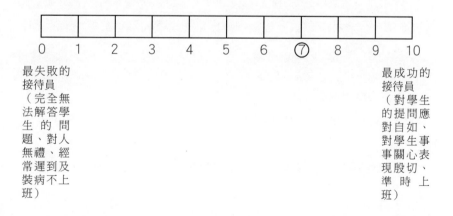

五 習作──如何改寫思想規條？

還記得在第二單元裡，阿健很多不開心的經驗嗎？其實當中隱藏着不少他的個人思想規條在內，下面記錄了他當時的一些想法，我們會列出他的個人思想規條，然後請您運用「心戰口訣」來為他重新改寫。（答案隨後附上）

阿健記事簿
思想規條何其多

阿健很怕跟舊同學見面，因為他覺得舊同學的發展都比他優勝：他們有些在外資公司身居要職，有些在金融界享有盛譽。阿健總覺得有錢有地位的人才會被人家尊重；無錢又沒有地位就會被別人瞧不起，而他只不過是個銀行的小職員。

工作上，阿健最怕面對主管，尤其當主管有事向他查詢時會感到特別不安，因為他一直認為要獲得主管信任，一定要隨時都可以回答任何有關工作上的提問，但這一點他覺得很難辦得到。

另一方面，他覺得子女的學業成績很重要，子女能考取優異成績，他在親友面前才會有面子。所以就算子女在其他方面還算不錯，若考試成績欠理想，親友間談起子女問題時他就很難啟齒。

阿健的思想規條：

(1) 交友方面的思想規條：必須有錢有地位，自己才會被朋友瞧得起。

a. 您覺得若阿健繼續固守上述的想法，對阿健的情緒有什麼影響呢？

_____

_____

b. 如果阿健繼續執着下去，是否值得呢？

c. 阿健可以怎樣改寫這思想規條？

_____

_____

d. 阿健運用的「心戰口訣」是：_____

e. 阿健的「思想規條寬鬆尺」：

● 開始時，阿健覺得相對其他舊同學，自己只是一位銀行的客戶服務主任，沒錢沒地位，作為一位朋友，他在「思想規條寬鬆尺」上只給自己2分。

他認為「最差勁的朋友」及「最理想的朋友」的情況會是：

0	1	②	3	4	5	6	7	8	9	10

最差勁的朋友（做事斤斤計較、損人利己、對人漠不關心）

最理想的朋友（未必時常見面，但會互相關心，有需要時互相幫忙）

● 您會如何運用「思想規條寬鬆尺」來協助阿健分析朋友之道：

_____

_____

_____

_____

● 經分析後，您認為阿健作為朋友，在寬鬆尺上可以拿到多少分？

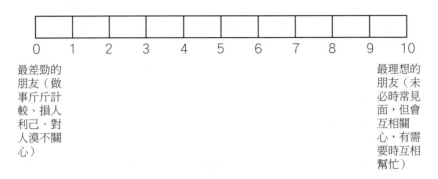

（2）作為員工的思想規條：作為被信任的員工，一定要隨時都可以回答到主管任何有關工作上的查詢。

a. 您覺得若阿健繼續固守上述的想法，對阿健的情緒有什麼影響呢？

_____

_____

b. 如果阿健繼續執着下去，是否值得呢？

_____

c. 阿健可以怎樣改寫這思想規條？

_____

_____

d. 阿健運用的「心戰口訣」是：_____

e. 阿健的「思想規條寬鬆尺」：

● 開始時阿健覺得作為理想的員工，一定要隨時都可以回答到主管的查詢，所以他只給自己3分。

他認為「最差勁的員工」及「最理想的員工」的情況會是：

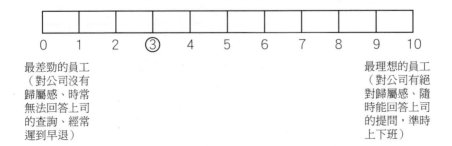

• 您會如何運用「思想規條寬鬆尺」來協助阿健分析員工之道？

_____

_____

• 經分析後，您會給阿健作為員工的分數：

0	1	2	3	4	5	6	7	8	9	10

最差勁的員工（對公司沒有歸屬感、時常無法回答上司的查詢、經常遲到早退）

最理想的員工（對公司有絕對歸屬感、隨時能準確地回答上司的提問，準時上下班）

(3) 對子女的思想規條：子女能考取優異成績，他在親友面前才會有面子。

a. 您覺得若阿健繼續固守上述的想法，對阿健的情緒有什麼影響呢？

_____

_____

b. 如果阿健繼續執着下去，是否值得呢？

_____

c. 阿健可以怎樣改寫這思想規條？

_____

_____

d. 阿健運用的「心戰口訣」是：_____

e. 阿健的「思想規條寬鬆尺」：

• 開始時，阿健覺得子女的學業成績很重要，影響他在親友面前的地位，所以他只給兒子的表現2分。

他認為「最差勁的子女」及「最理想的子女」的情況會是：

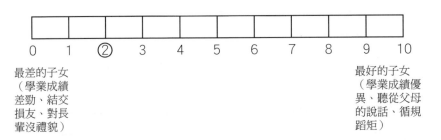

0　1　②　3　4　5　6　7　8　9　10

最差的子女
（學業成績
差勁、結交
損友、對長
輩沒禮貌）

最好的子女
（學業成績優
異、聽從父母
的說話、循規
蹈矩）

• 您會如何運用「思想規條寬鬆尺」來協助阿健分析子女的表現？

_____

_____

_____

• 經分析後，您覺得阿健會給子女的分數是：

0　1　2　3　4　5　6　7　8　9　10

最差的子女（學
業成績差勁、結
交損友、對長輩
沒有禮貌）

最好的子女（學
業成績優異、聽
從父母的說話、
循規蹈矩）

現在，請看看我們的答案吧！

阿健的思想規條：

(1) 交友方面的思想規條：必須有錢有地位，自己才會被朋友瞧得

起。

　　a. 您覺得若阿健繼續固守上述的想法，對阿健的情緒有什麼影響呢？

　　<u>跟地位比他高或賺錢比他多的朋人相處時，會覺得自卑，覺得被別人瞧不起，他的心情一定也不好過。</u>

　　b. 如果阿健繼續執着下去，是否值得呢？

　　<u>若阿健繼續執着下去，時常拿自己的職位跟朋友相比，只會弄得自己失卻自信，心情低落，這個當然不值得。</u>

　　c. 阿健可以怎樣改寫這思想規條？

　　<u>做朋友最重要是真誠互信，名利都是次要，只要我真心待朋友已經無愧。</u>

　　d. 阿健運用的「心戰口訣」是：　<u>規條我定，修訂亦然</u>

　　e. 阿健的「思想規條寬鬆尺」：

　　• 開始時阿健覺得相對其他舊同學，自己只是一位銀行的客戶服務主任，沒錢沒地位，作為一位朋友，他在「思想規條寬鬆尺」上只給自己2分。

　　他認為「最差勁的朋友」及「最理想的朋友」的情況會是：

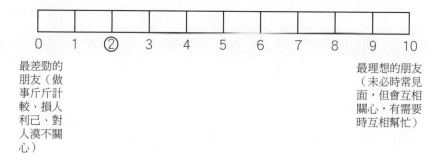

　　• 阿健借助「思想規條寬鬆尺」來分析自己作為朋友的表現：

　　<u>雖然自己工作的職位不算高，但從不做損人利己的事，大家出來</u>

吃喝玩樂也從不斤斤計較。而且，朋友有什麼有關銀行問題的查詢時自己都會盡己所能給予協助，讓朋友得到滿意的答覆。雖然自己比不上他們的高薪厚祿，但卻是一位樂於助人的朋友。

- 經分析後，阿健認為自己作為朋友，在思想規條寬鬆尺上可以拿到7分：

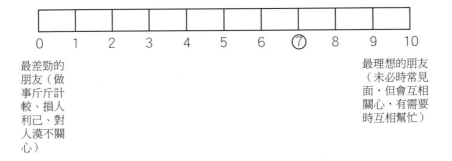

最差勁的
朋友（做
事斤斤計
較、損人
利己、對
人漠不關
心）

最理想的朋友
（未必時常見
面，但會互相
關心，有需要
時互相幫忙）

(2) 員工方面的思想規條：作為被信任的員工，一定要隨時都可以回答到主管任何有關工作上的查詢。

a. 您覺得若阿健繼續固守上述的想法，對阿健的情緒有什麼影響呢？

作為公司其中一位員工，不可能完全知道公司內部每一細節，所以碰到上司提問時就會很緊張，而且每當不懂得回答時就會十分苦惱、難受。

b. 如果阿健繼續執着下去，是否值得呢？

這只會讓阿健工作時永遠戰戰兢兢，聽到主管提問就惶恐不安，怕一下子答不上就失信於人，這種執着當然不值得繼續下去。

c. 阿健可以怎樣改寫這思想規條？

員工只要盡心工作，假若主管查詢時一時答不上，最重要是有禮貌地向他解釋，然後盡快查找相關資料。做事要盡力及有誠信才是獲得主管信任的最大因素。

d. 阿健運用的「心戰口訣」是：　善待自己，放輕責任。

e. 阿健的「思想規條寬鬆尺」：

• 開始時阿健覺得自己不能隨時回答到主管的問題，所以他在「思想規條寬鬆尺」上只給自己3分。

他認為「最差勁的員工」及「最理想的員工」的情況會是：

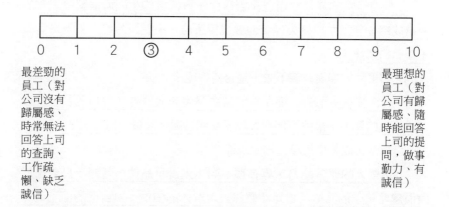

• 阿健借助「思想規條寬鬆尺」來分析自己作為員工的表現：

　　自己雖然並不能每次都可以準確地回答到主管的提問，但其實大部分問題都可以即時回答，比起其他同事已經有不錯的表現。而且自己對公司有歸屬感，做事盡責，絕不無故曠工，自己算得上是位忠心的員工。

• 經分析後，阿健覺得自己作為員工的得分應為8分：

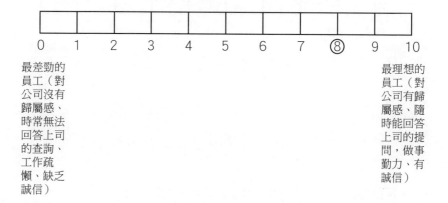

(3) 對子女的思想規條：子女能考取優異成績，他在親友面前才會有面子。

a. 您覺得若阿健繼續固守上述的想法，對阿健的情緒有什麼影響呢？

　他將子女的成績跟自己是否有面子直接掛鈎，因而很緊張子女的學業成績，若子女成績欠佳，他會覺得丟臉、失望及忿怒，甚至影響與子女間的感情。

b. 如果阿健繼續執着下去，是否值得呢？

　若繼續執着下去，而子女的成績又沒有大改進，對自己及子女都造成很大的壓力，最終可能導致與子女間的關係破裂，何苦呢？

c. 阿健可以怎樣改寫這思想規條？

　每個人的學習能力、專長都不同，人貴乎品德，若親友只着重成績而忽略孩子的品德，這是他們錯誤理解人的價值，與自己的面子毫無關係。

d. 阿健運用的「心戰口訣」是：　打破傳統，與時並進

e. 阿健的「思想規條寬鬆尺」：

● 開始時阿健覺得子女的學業成績很重要，影響他在親友面前的地位，所以他只給兒子的表現1分。

他認為「最差勁的子女」及「最理想的子女」的情況會是：

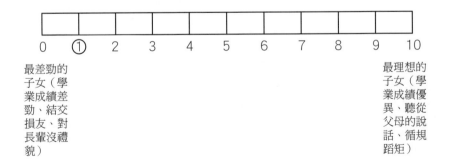

0　①　2　3　4　5　6　7　8　9　10

最差勁的子女（學業成績差勁、結交損友、對長輩沒禮貌）

最理想的子女（學業成績優異、聽從父母的說話、循規蹈矩）

● 阿健借助「思想規條寬鬆尺」來分析子女的表現：

　　子女的學業成績雖然只是一般，但也算品行良好，從不逃學，也沒有收過老師的投訴。雖然大兒子有時會駁嘴，但處於反叛年齡的孩子大都如是，不見得他比別人壞，亦從沒有在親友面前做出令自己真正丟臉的事。經過細心思考，他決定對兒子的分數作出調整。

● 經分析後阿健給兒子的分數為6分：

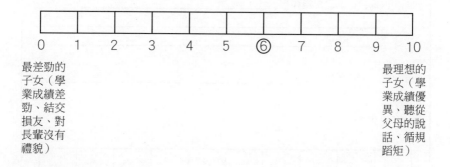

最差勁的子女（學業成績差勁、結交損友、對長輩沒有禮貌）

最理想的子女（學業成績優異、聽從父母的說話、循規蹈矩）

自省練習

　　在上一個單元中，您曾經寫下有關對自己、工作、朋友、同事／同學，或其他生活處境的各項思想規條，現在請在下面的空白處再寫一次。然後，請您重新思考，在方格內為自己的思想規條編寫出新的方向。

(1) 自己：＿＿＿＿＿＿＿＿＿＿＿＿＿＿＿＿＿＿＿＿

您覺得這個想法對自己的情緒有什麼影響呢？＿＿＿＿＿＿＿＿
＿＿＿＿＿＿＿＿＿＿＿＿＿＿＿＿＿＿＿＿
＿＿＿＿＿＿＿＿＿＿＿＿＿＿＿＿＿＿＿＿

您如何改寫自己的思想規條？＿＿＿＿＿＿＿＿＿＿＿＿＿＿
＿＿＿＿＿＿＿＿＿＿＿＿＿＿＿＿＿＿＿＿
＿＿＿＿＿＿＿＿＿＿＿＿＿＿＿＿＿＿＿＿

您用了哪一句心戰口訣？＿＿＿＿＿＿＿＿＿＿＿＿＿＿＿＿

您的「思想規條寬鬆尺」：

0	1	2	3	4	5	6	7	8	9	10

最差勁的自己　　　　　　　　　　　　　　　最理想的自己
（　　　　　）　　　　　　　　　　　　　　（　　　　　）
（　　　　　）　　　　　　　　　　　　　　（　　　　　）

(2) 工作：＿＿＿＿＿＿＿＿＿＿＿＿＿＿＿＿＿＿＿＿

您覺得這個想法對自己的情緒有什麼影響呢？＿＿＿＿＿＿＿＿
＿＿＿＿＿＿＿＿＿＿＿＿＿＿＿＿＿＿＿＿
＿＿＿＿＿＿＿＿＿＿＿＿＿＿＿＿＿＿＿＿

您如何改寫自己的思想規條？＿＿＿＿＿＿＿＿＿＿＿＿＿＿
＿＿＿＿＿＿＿＿＿＿＿＿＿＿＿＿＿＿＿＿
＿＿＿＿＿＿＿＿＿＿＿＿＿＿＿＿＿＿＿＿

您用了哪一句心戰口訣？＿＿＿＿＿＿＿＿＿＿＿＿＿＿＿＿

（續）

您的「思想規條寬鬆尺」：

0	1	2	3	4	5	6	7	8	9	10

最差勁的工作表現　　　　　　　　　　　　　　　　最理想的工作表現

（　　　　　）　　　　　　　　　　　　　　　（　　　　　）

（　　　　　）　　　　　　　　　　　　　　　（　　　　　）

(3) 朋友：＿＿＿＿＿＿＿＿＿＿＿＿＿＿＿＿＿＿＿＿＿＿＿＿

您覺得這個想法對自己的情緒有什麼影響呢？＿＿＿＿＿＿＿＿＿＿

＿＿＿＿＿＿＿＿＿＿＿＿＿＿＿＿＿＿＿＿＿＿＿＿＿＿＿＿＿＿

＿＿＿＿＿＿＿＿＿＿＿＿＿＿＿＿＿＿＿＿＿＿＿＿＿＿＿＿＿＿

您如何改寫自己的思想規條？＿＿＿＿＿＿＿＿＿＿＿＿＿＿＿＿＿＿

＿＿＿＿＿＿＿＿＿＿＿＿＿＿＿＿＿＿＿＿＿＿＿＿＿＿＿＿＿＿

＿＿＿＿＿＿＿＿＿＿＿＿＿＿＿＿＿＿＿＿＿＿＿＿＿＿＿＿＿＿

您用了哪一句心戰口訣？＿＿＿＿＿＿＿＿＿＿＿＿＿＿＿＿＿＿＿＿

您的「思想規條寬鬆尺」：

0	1	2	3	4	5	6	7	8	9	10

最差勁的朋友　　　　　　　　　　　　　　　　　　最理想的朋友

（　　　　　）　　　　　　　　　　　　　　　（　　　　　）

（　　　　　）　　　　　　　　　　　　　　　（　　　　　）

(4) 同事／同學：＿＿＿＿＿＿＿＿＿＿＿＿＿＿＿＿＿＿＿＿＿＿＿＿＿

您覺得這個想法對自己的情緒有什麼影響呢？＿＿＿＿＿＿＿＿＿＿＿＿＿

＿＿＿＿＿＿＿＿＿＿＿＿＿＿＿＿＿＿＿＿＿＿＿＿＿＿＿＿＿＿＿＿＿＿＿

＿＿＿＿＿＿＿＿＿＿＿＿＿＿＿＿＿＿＿＿＿＿＿＿＿＿＿＿＿＿＿＿＿＿＿

您如何改寫自己的思想規條？＿＿＿＿＿＿＿＿＿＿＿＿＿＿＿＿＿＿＿＿＿＿

＿＿＿＿＿＿＿＿＿＿＿＿＿＿＿＿＿＿＿＿＿＿＿＿＿＿＿＿＿＿＿＿＿＿＿

＿＿＿＿＿＿＿＿＿＿＿＿＿＿＿＿＿＿＿＿＿＿＿＿＿＿＿＿＿＿＿＿＿＿＿

您用了哪一句心戰口訣？＿＿＿＿＿＿＿＿＿＿＿＿＿＿＿＿＿＿＿＿＿＿＿＿

您的「思想規條寬鬆尺」：

0	1	2	3	4	5	6	7	8	9	10

最差勁的同事／同學　　　　　　　　　　　　　最理想的同事／同學

（　　　　　　　　）　　　　　　　　　　　　（　　　　　　　　）

（　　　　　　　　）　　　　　　　　　　　　（　　　　　　　　）

(5) 其他生活處境：＿＿＿＿＿＿＿＿＿＿＿＿＿＿＿＿＿＿＿＿＿＿＿＿＿

您覺得這個想法對自己的情緒有什麼影響呢？＿＿＿＿＿＿＿＿＿＿＿＿＿

＿＿＿＿＿＿＿＿＿＿＿＿＿＿＿＿＿＿＿＿＿＿＿＿＿＿＿＿＿＿＿＿＿＿＿

＿＿＿＿＿＿＿＿＿＿＿＿＿＿＿＿＿＿＿＿＿＿＿＿＿＿＿＿＿＿＿＿＿＿＿

您如何改寫自己的思想規條？＿＿＿＿＿＿＿＿＿＿＿＿＿＿＿＿＿＿＿＿＿＿

＿＿＿＿＿＿＿＿＿＿＿＿＿＿＿＿＿＿＿＿＿＿＿＿＿＿＿＿＿＿＿＿＿＿＿

＿＿＿＿＿＿＿＿＿＿＿＿＿＿＿＿＿＿＿＿＿＿＿＿＿＿＿＿＿＿＿＿＿＿＿

（續）

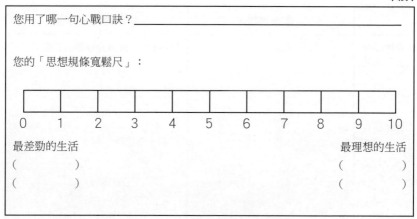

您用了哪一句心戰口訣？_____

您的「思想規條寬鬆尺」：

0	1	2	3	4	5	6	7	8	9	10

最差勁的生活　　　　　　　　　　　　　　　　最理想的生活
（　　　　　）　　　　　　　　　　　　　　（　　　　　）
（　　　　　）　　　　　　　　　　　　　　（　　　　　）

六 「情緒溫度計」與「身心思維自我分析表」

▌情緒溫度計

您的情緒指數是：（請圈出您認為最恰當的分數，0分最差，10分最好。）

情緒溫度計	0	1	2	3	4	5	6	7	8	9	10

在上一單元，您的情緒指數是_____分。

在本星期，您的情緒指數平均是_____分。

您做了些什麼使自己的分數較上星期高了些？_____

您在未來一星期可做些什麼來提升自己的分數？_____

▌身心思維自我分析

請先選取一件過去一星期令您產生焦慮情緒的生活情境（可參考「焦慮排行榜」）：

	當時處境	如何運用五常法
身體變化 (警告訊號)		(1) **按停**：按停身體警告訊號
當時想法		(2) **腦袋停一停**：(有何方法／提醒說話，助您暫停負面想法)
	思想陷阱類別：(可能多於一種)	
		這個想法是否值得保留： □ 值得 ／ □ 不值得 原因：
	想法背後可能隱藏着什麼思想規條？	
		你會如何修訂這項規條：
		你運用的心戰口訣是：
情緒反應		(3) **自我反問**：反駁自己的思想陷阱
		建立正向思維：新觀點、新角度

（續）

行為反應		(4) 分散注意力：小行動
		....
		....
		(5) 聰明卡：人生雋語
		....
		....

七　行動起來，鬆一鬆！

　　又到「鬆一鬆！行動表」這個環節，在這個星期，您打算去尋找或尋回哪些能讓自己放鬆的事情呢？快完成以下練習吧！

鬆一鬆！行動表

　　在未來一星期內，您打算完成哪一項能夠放鬆心情的行動呢？

活動：	
日期：	時間：

預祝您的行動成功！

八　小結

　　● 思想規條是個人生活上的頑疾，潛伏久遠而難於治理，但這並非表示不可治癒，因為您的思考模式是可以經過學習而有所改變。

　　● 如何運用您的思想模式去改變頑固的思想規條，是需要您莫大的恆心去達成。從今天起，您應該利用本單元所講授的心戰口訣來為自己改寫那些已僵化的思想規條變得寬鬆，再剔走那些需要摒棄的思想規條。

第九單元

建立均衡生活

本單元學習目標

完成本單元之後，您將會：

(1) 瞭解個人生活模式如何影響焦慮情緒；

(2) 學習實踐均衡的生活模式。

阿詩記事簿

就這樣過了一天

學校今早開校務會議，這次阿詩要負責寫會議記錄，要跟同事一起開會，她的心情已經夠緊張，加上要寫記錄，更加令她不安起來。但出奇地她今天的工作效率異常高，臨近放工時已寫好早上的會議記錄並交給校長，高興地聽到校長即時稱讚她的工作效率有進步。

正當她準備下班時，校長走過來告訴她記錄上有少許錯漏，叫她修改一下，但補充說只是小問題，略為修訂便可以。但阿詩即時面紅耳赤，覺得校長望向她的眼神及其他同事的反應，都好像暗地裡嘲笑她不中用⋯⋯

回家途中，她想起今天早上媽媽吩咐她放工時順路到菜市場買些熬湯的用料回家，正值放工時候，菜市場內買菜的人不少，阿詩走在其中覺得渾身不自在，好像身邊的人都用奇怪的眼光望向她，她不禁想到：「是不是我這身衣著有問題？他們要這樣子盯着我。」心裡快快不樂。

回到家裡，媽媽還未到家，她便將湯料洗淨，等媽媽回來處理。

一　一周檢查

在未開始進入本單元練習前,我們先想問問您,在過去一星期有否完成一項讓自己**鬆一鬆**的活動呢?

<table>
<tr><td colspan="2">行動內容:</td></tr>
<tr><td>您有完成這項活動</td><td>您沒有完成這項活動</td></tr>
<tr><td>您的感覺如何?＿＿＿＿＿＿

＿＿＿＿＿＿＿＿＿＿＿＿

是否可短暫減低您的焦慮? 是 / 否

原因:＿＿＿＿＿＿＿＿＿

＿＿＿＿＿＿＿＿＿＿＿＿

＿＿＿＿＿＿＿＿＿＿＿＿</td><td>沒有完成的原因:＿＿＿＿＿

＿＿＿＿＿＿＿＿＿＿＿＿

＿＿＿＿＿＿＿＿＿＿＿＿

＿＿＿＿＿＿＿＿＿＿＿＿

＿＿＿＿＿＿＿＿＿＿＿＿

＿＿＿＿＿＿＿＿＿＿＿＿</td></tr>
</table>

二　日常生活事務記錄表

什麼是「日常生活事務記錄表」?

「日常生活事務記錄表」是簡單記錄自己一星期以來的活動情況,並記下對每個活動的成就感和滿足感程度。此記錄表的目的是檢視個人生活模式及習慣,藉此分析當中有哪些不健康的元素影響着自己的焦慮情緒,從而提醒自己需要改善或建立積極的生活方式。

為了要改善自己的焦慮,阿詩把過去一星期的生活編寫了一份「日常生活事務記錄表」,以下就是一個例子:

阿詩的「日常生活事務記錄表」

	一	二	三	四	五	六	日
早上 6-7時							
7-8時							
8-9時					協助一位失明人士過馬路 成就感=3分 滿足感=4分		
9-10時	開會時要寫會議記錄 成就感=2分 滿足感=2分	今天在接待處當值 成就感=1分 滿足感=1分	塞車遲到 成就感=1分 滿足感=1分	提早出門，塞車也沒有遲到 成就感=2分 滿足感=3分		今天在接待處當值 成就感=1分 滿足感=1分	
10-11時				幫同事編好上課時間表，同事表示謝意 成就感=4分 滿足感=3分	即時回答到同學的查詢 成就感=4分 滿足感=4分	跟家人喝早茶 成就感=1分 滿足感=2分	
中午 11-12時				電腦出了小問題，同事很快幫自己弄好 成就感=1分 滿足感=3分			弟弟陪爸媽去探朋友，自己回家 成就感=1分 滿足感=2分

（續）

	一	二	三	四	五	六	日
下午 12-1 時		為一位學生找回遺失了的筆記本 成就感=4分 滿足感=2分					
1-2時					與兩位同事一起出外用膳 成就感=2分 滿足感=3分		
2-3時			同事借用電腦 成就感=2分 滿足感=1分	有同事生日，請吃蛋糕 成就感=3分 滿足感=3分		放工後幫同事寄信 成就感=1分 滿足感=3分	睡午覺 成就感=1分 滿足感=1分
3-4時	寫完會議記錄並得校長稱讚 成就感=4分 滿足感=3分				一份文件放錯了位置，同事有所埋怨 成就感=1分 滿足感=1分	到圖書館看了一會兒書便離開 成就感=2分 滿足感=1分	
4-5時	會議記錄出了少許錯 成就感=1分 滿足感=1分	可以準時放工 成就感=2分 滿足感=2分		應同事要求，花了一小時為她整理資料 成就感=2分 滿足感=2分			在家看書 成就感=1分 滿足感=2分

（續）

	一	二	三	四	五	六	日
5-6時	到菜市場幫媽媽買了熬湯的用料 成就感=2分 滿足感=2分		乘車時讓座給長者 成就感=2分 滿足感=3分		幫媽媽到超級市場買日用品 成就感=1分 滿足感=1分		
晚上6-7時			放工後到附近的商場逛了一會 成就感=2分 滿足感=2分				
7-8時							
8-9時		舊同學打電話來聊了幾句 成就感=1分 滿足感=2分			推掉朋友明天的約會 成就感=1分 滿足感=2分		
9-10時				打電話給舊同學，詢問有關進修的問題 成就感=2分 滿足感=2分	弟弟幫朋友向她查詢報商科學校的問題 成就感=2分 滿足感=2分		
10-11時							
午夜11-12時							

成就感（5分為最高，1分最低）
滿足感（5分為最高，1分最低）

從阿詩的「日常生活事務記錄表」中，我們可作出以下的分析：

（1）阿詩這一星期以來的成就感和滿足感都偏低，難怪她時常感到情緒低落。

（2）讓座與長者及協助失明人士過馬路這兩件事明顯令到阿詩的滿足感較大，説明阿詩樂於助人。

（3）阿詩很重視自己的工作表現，以及與同事之間的關係：「塞車遲到令她很沮喪，成就感與滿足感跌至谷底；第二天提早出門而避過塞車，令她可以準時上班，成就感與滿足感亦即時提升」，「寫完會議記錄並得校長稱讚令她很高興，但會議記錄出了少許錯誤又會令她十分不快」。此外，「為一位學生找回遺失了的筆記本」，「幫同事編好上課時間表，同事表示謝意」，「有同事生日，請吃蛋糕」等都會令阿詩感到滿足及有成就感。這些也反映出她緊張自己的工作及與同事的關係。

（4）阿詩很怕在接待處工作，在接待處當值時，成就感和滿足感的分數就會下降谷底，未開始當天的工作已先「打沉自己」（自怨自艾）。

（5）阿詩與家人關係的滿足感和成就感顯示頗低，其中一個原因是她一向覺得父母偏愛弟弟，所以弟弟陪父母探朋友，她卻選擇獨自回家。她除了不想跟父母應酬之外，也由於她總覺得父母會怕她失禮於親友面前，所以倒不如自己先行回家。她這種想法從未求證於父母，所以未免有「妄下判斷」之嫌。

（6）同時，她與朋友的相處上，成功和滿足感同樣低落，她推掉朋友的約會，是因為怕「出席約會變成自己出醜」，這種想法無疑極端，還未成事已先行否定自己。

（7）阿詩的生活空間只局限於工作和家人兩方面，欠缺其他的生活接觸面，這使其生活變得枯燥、納悶，而工作及家人又往往是引致壓力的根源，這種生活實在令人憂心。阿詩除了沒有宣洩自己情緒的途徑外，也無法欣賞生活上的樂趣，更不懂得如何去疏導由生活挫折所帶來的負面情緒。

三　您的「日常生活事務記錄表」

　　為了讓您更深入地瞭解自己是否過着均衡的生活，請記下自己在某個星期裡做過的事情，並把它填寫在「日常生活事務記錄表」內。請選取較具代表性的那一星期之生活寫照作記錄。

　　在填寫這個練習時：

　　(1) 請找一處寧靜的地方，靜下來細想過去某星期內的生活狀況；

　　(2) 您可能會忘記一些細節，請不用擔心，我們只希望您盡量把記得的寫下來；

　　(3) 請緊記填上成就感和滿足感的分數 (1-5分)；

　　(4) 如果您有困難去分析自己的情況，不妨找一位好朋友 (您的守護天使)，跟他／她一起做這個分析吧！

　　(5) 在填寫每一空格時，**只需寫上事件及分數**，不用太仔細把資料及感受寫下來。

您的「日常生活事務記錄表」

	一	二	三	四	五	六	日
早上 6-7時							
7-8時							
8-9時							

（續）

	一	二	三	四	五	六	日
9-10 時							
10-11 時							
中午 11-12 時							
下午 12-1 時							
1-2時							
2-3時							
3-4時							
4-5時							
5-6時							

（續）

	一	二	三	四	五	六	日
晚上 6-7時							
7-8時							
8-9時							
9-10 時							
10-11 時							
午夜 11-12 時							

成就感（5分為最高，1分最低）

滿足感（5分為最高，1分最低）

「日常生活事務記錄表」自省練習：

(1) 總的來說，您的生活成就感和滿足感如何？

_____

_____

(2) 您的生活在哪方面的滿足感和成就感有較高的分數？

_____

_____

(3) 您在哪一方面的滿足感和成就感比較偏低？原因何在？跟您的思想陷阱與思想規條是否扯上關係？

滿足感和成就感偏低的生活事項	原因	是否跟思想陷阱與思想規條有關？

（4）如果要改變您的焦慮情緒，您可在生活哪方面作出改善呢？

工作	
家人	
社交生活	
個人興趣 / 娛樂	
其他	

四 均衡生活

　　每個人都對理想生活有不同的看法及定義，這與個人的價值觀有很大的關係。事實上，一個人有多方面的需要，均衡生活正反映我們**生活上的需要**，例如我們需要以工作賺取金錢維持生活外，我們亦需要與家人或朋友相聚，以建立穩定及親密的人際關係。當我們的生活太偏重於

某一方面時，便很容易會帶來沉重的生活壓力（例如過分焦慮、脾氣暴躁、身體健康欠佳等），而這些壓力使我們的身體及情緒長期處於緊張狀態。要紓解我們生活上的張力，我們便要照顧自己各方面的需要，建立及實踐均衡的生活方式。

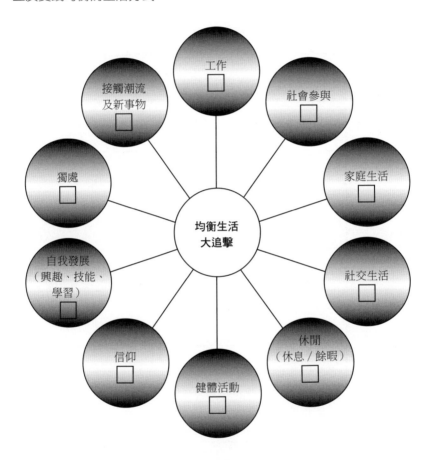

上圖闡釋「均衡生活」可以包括的生活層面。每個人的需要、生活及生命優次都會有所不同，因而對理想中均衡生活的要求亦會有差異。但通常均衡生活有精神也有物質的層面，有個人也有與人共聚的時刻，現在請您嘗試檢視一下現時的生活，看看是否需要為自己重新訂定均衡生活的內容，並請在您認為均衡生活必須具備的生活部分內填上✓號。

均衡生活「大拍賣」

以下練習的目的是協助您深入瞭解自己的生活狀況：**您的理想及現實生活**。並讓您檢視自己現時生活狀況是否需要作出調校。

- 假設您現時擁有100萬元，您可運用這些金錢競投下列各拍賣項目，每個項目的最低額不能少於5萬元，而且不設上限，您會如何作出分配呢？

- 請以您期望的**理想生活模式**作為填寫「理想投資額」的指引，並以**現時生活狀況**作為填寫「實際投資額」的指引。

在填寫您的實際情況前，讓我們嘗試綜合前面各單元有關阿健記事簿的內容，先行為他做一次「理想與實際」生活的「投資」分析：

均衡生活「大拍賣」

項目	理想 投資額	實際 投資額
(1) 工作	30萬元	50萬元
(2) 與配偶的相處	10萬元	10萬元
(3) 與家人相聚(父母、子女、太太)，尤其是跟子女的相聚	30萬元	35萬元
(4) 與朋友相聚	5萬元	2萬元
(5) 休息	5萬元	3萬元
(6) 娛樂	5萬元	0萬元
(7) 健體活動	5萬元	0萬元
(8) 發展個人興趣	5萬元	0萬元
(9) 進修學習	5萬元	0萬元
(10) 認識社會潮流或新事物	0萬元	0萬元
(11) 參加宗教活動	0萬元	0萬元
總共：	100萬元	100萬元

現在，讓我們分析一下阿健的生活狀況吧！

(1) 阿健花了超過一半的投資在工作上，卻得不到很大的滿足感（我們知道阿健覺得自己的工作表現仍不夠好）。反之，他卻花很少時間跟朋友相聚、甚至沒有花任何投資於休息和參與其他文娛活動上。

(2) 從阿健的理想投資額中，我們發現他其實想大大減少在工作上的投資，從而騰出時間作其他方面的投資。

(3) 他與太太的關係尚算不錯，希望能保持與太太相處的時間，以維繫彼此的感情生活。

(4) 阿健會稍為減少對子女的投資額，這並不表示他減低對子女的關心，相反，他明白到因讀書問題與兒子關係處於緊張狀態，他希望藉此減少對他生活的諸多管束，從而改善父子關係。

(5) 此外，他希望能平均地投資在朋友、休息、娛樂、健體活動、個人興趣和進修學習上，這樣可令自己的生活有多方面的發展空間。

(6) 我們贊同阿健步向他的理想投資策略。第一，他不會只投放資源於壓力沉重的工作上；第二，他嘗試改變跟兒子的關係，放下對兒子事事監管的作風；第三，他增加與朋友相處的投資，說明他摒棄了一些自卑的觀念，再不怕跟一些比他有錢有地位的朋友來往；第四，他決定騰出一些資源來發展個人興趣、娛樂和從事康體活動，這是較為平衡的生活方式。

五　您的均衡生活「大拍賣」

參考了阿健的例子，現在請您按自己現時的生活來填寫這個練習：

項目	理想投資額	實際投資額
(1) 工作	萬元	萬元
(2) 與配偶或男女朋友相處	萬元	萬元
(3) 與家人相聚(父母、子女、丈夫、太太)	萬元	萬元

（續）

(4) 與朋友相聚	萬元	萬元
(5) 休息	萬元	萬元
(6) 娛樂	萬元	萬元
(7) 健體活動	萬元	萬元
(8) 發展個人興趣	萬元	萬元
(9) 進修學習	萬元	萬元
(10) 認識社會潮流或新事物	萬元	萬元
(11) 參加宗教活動	萬元	萬元
總共：	萬元	萬元

「均衡生活『大拍賣』」自省練習

（1）我的現實生活狀況是否均衡呢？我偏重了哪方面的生活內容，又忽略了哪方面的生活內容呢？

我的現實生活狀況是否均衡？　□是 / □否	
偏重了哪方面的生活內容？	
忽略了哪方面的生活內容？	

（2）從上述練習中，我看到自己的「理想」生活有以下幾方面與「現實」不一樣：

我的理想生活與現實生活不一樣的地方：

a. _____

b. _____

c. _____

d. _____

(3) 如果我要得到均衡的生活，可以編排自己的生活環節如下：

a. _____

b. _____

c. _____

d. _____

　　您的時間分配及生活管理會否與自己的理想生活背道而馳？很多人都認為理想生活模式，是能夠時常與家人共聚，但現實生活中，卻將大部分時間埋首於工作中，而忽略了其他重要的生活層面。

　　當然，個人理想的生活模式也不一定等於均衡生活，您需要清楚瞭解什麼是均衡生活及其好處，並將其實踐於現實生活中。

　　檢視目前的生活狀況後，您認為自己在生活上有什麼地方是需要有所改變？您一直追求的目標又是否需要調節？

六　生活目標大追擊

　　透過「日常生活事務記錄表」及「均衡生活『大拍賣』」兩個練習，您可能開始察覺現時的生活欠缺均衡。現在請嘗試列出您認為應該及可以重整的生活部分，為自己定下一些長期目標及短期的實踐計劃。現在，且讓我們再以阿健的生活為例，看看他如何為自己訂定目標。

訂定目標及其優先次序

　　從前面的兩個練習中，阿健對自己的生活狀況有了一些瞭解，並為自己的生活定出以下的目標，亦為各項目標寫下了優先次序。

▌阿健的生活目標優次

（第一位：最希望做到；第五位：做不到亦無妨）

優次	生活目標	原因
第一位	多點與子女溝通	阿健一直很重視子女的成績,以致為溫習問題常與兒子有所衝突。他覺得如果能減少斥責他們,多點跟他們閒談溝通,對未來的父子關係至為重要。
第二位	重建朋友的網絡	阿健發現自己的生活較多偏重工作,由於以往思想上的謬誤,很少花時間跟朋友聯絡;日後,他希望跟舊同學多些相聚,以調劑生活壓力,也希望藉此重建昔日的朋友的網絡。
第三位	做一些定期的健體活動	阿健近年的身體並沒有以前那般良好,可能花了太多時間工作,常常有點背痛。因此,阿健希望對自己好一點,多做些運動,以保持自己的身體健康。
第四位	娛樂	阿健希望在工作之餘,也可以有點輕鬆的娛樂,如跟太太看場電影,或逛逛街。
第五位	休息	阿健很多時都只睡五六個小時,又很少花時間休息(如閱讀閒餘書籍、聽聽歌),因此他希望能有多些時間休息,讓自己補充更多精力。

跟着,阿健決定推行他首兩項長期目標,並定出了具體計劃:

▌長期目標

長期目標	原因
多點與子女溝通	阿健接受太太的建議,不想對兒子事事監管,希望可以改善父子關係。
重建朋友的網絡	阿健有兩個比較要好的舊同學,但由於他一直有點自卑不願出席同學聚會,所以近來沒有跟他們聯絡。他希望能先約這兩位同學見面,然後再跟其他同學敍舊,他希望日後可慢慢擴闊自己的朋友圈子。

▌實踐長期目標的具體計劃

長期目標	具體計劃	成效指標	完成時限	獎勵
（1）多點與子女溝通	第一步：放工後見到兒子看電視不再責罵	成功完成	兩個星期	到戲院看場電影
	第二步：在周末或放工後與子女傾談一下他們的學校生活	每星期一次	兩個月	跟家人外出吃自助餐
	第三步：假期時一家人到郊野公園或其他戶外活動	每個月一次	六個月	帶同一家人到主題公園遊玩
（2）重建朋友的網絡	第一步：先約見兩位較熟絡的舊同學	成功致電，並約見兩位同學出來見面	一個月	買一張心儀的數碼唱片
	第二步：參與其他舊朋友的聚會	每個月最少一次	三個月	與兩位朋友吃一頓豐富的晚飯
	第三步：主動邀約朋友相聚	一年最少四次	一年	帶同一家人到北京旅遊

＊請緊記：有些活動要把難度逐步遞增，但不要強求及操之過急。

七　習作——您的生活優次

看過了阿健的計劃，現在就讓您填寫自己的長期目標及短期實踐計劃：

▌您的生活目標優次

（第一位：最希望做到；第五位：做不到亦無妨）

優次	生活目標	原因
第一位		
第二位		
第三位		
第四位		
第五位		

現在，請選擇三項您將會推行的長期目標，並訂出具體計劃：

▌長期目標

長期目標	原因
（1）	

（續）

(2)	
(3)	

▍實踐長期目標的具體計劃

長期目標	具體計劃	成效指標	完成時限	獎勵
(1)				
(2)				

（續）

(3)				

*請緊記：有些活動要把難度逐步遞增，但不要強求或操之過急。

八 「情緒溫度計」與「身心思維自我分析表」

▍情緒溫度計

您的情緒指數是：（請圈出您認為最為恰當的分數，0分最差，10分最好。）

情緒溫度計	0	1	2	3	4	5	6	7	8	9	10

在上一單元，您的情緒指數是＿＿＿＿＿分。

在本星期，您的情緒指數平均是＿＿＿＿＿分。

您做了些什麼使自己的分數較上星期高了些？＿＿＿＿＿＿＿

您在未來一星期可做些什麼來提升自己的分數？＿＿＿＿＿＿＿

▍身心思維自我分析

請先選取一件過去一星期令您產生焦慮情緒的生活處境（可參考「焦慮排行榜」）：

	當時處境	如何運用五常法
身體變化 (警告訊號)		(1) **按停：按停身體警告訊號** ⋯⋯⋯⋯⋯⋯⋯⋯⋯⋯⋯⋯ ⋯⋯⋯⋯⋯⋯⋯⋯⋯⋯⋯⋯
當時想法	⋯⋯⋯⋯⋯⋯⋯⋯⋯⋯⋯⋯ ⋯⋯⋯⋯⋯⋯⋯⋯⋯⋯⋯⋯ ⋯⋯⋯⋯⋯⋯⋯⋯⋯⋯⋯⋯ 思想陷阱類別：(可能多於一種) ⋯⋯⋯⋯⋯⋯⋯⋯⋯⋯⋯⋯ ⋯⋯⋯⋯⋯⋯⋯⋯⋯⋯⋯⋯ 想法背後可能隱藏着什麼思想規條？ ⋯⋯⋯⋯⋯⋯⋯⋯⋯⋯⋯⋯ ⋯⋯⋯⋯⋯⋯⋯⋯⋯⋯⋯⋯	(2) **腦袋停一停：**(有何方法／提醒說話，助您暫停負面想法) ⋯⋯⋯⋯⋯⋯⋯⋯⋯⋯⋯⋯ ⋯⋯⋯⋯⋯⋯⋯⋯⋯⋯⋯⋯ ⋯⋯⋯⋯⋯⋯⋯⋯⋯⋯⋯⋯ **這個想法是否值得保留：** □ 值得／□ 不值得 原因：⋯⋯⋯⋯⋯⋯⋯⋯⋯ ⋯⋯⋯⋯⋯⋯⋯⋯⋯⋯⋯⋯ ⋯⋯⋯⋯⋯⋯⋯⋯⋯⋯⋯⋯ **你會如何修訂這項思想規條？** ⋯⋯⋯⋯⋯⋯⋯⋯⋯⋯⋯⋯ ⋯⋯⋯⋯⋯⋯⋯⋯⋯⋯⋯⋯ ⋯⋯⋯⋯⋯⋯⋯⋯⋯⋯⋯⋯ **你運用的心戰口訣是：** ⋯⋯⋯⋯⋯⋯⋯⋯⋯⋯⋯⋯ ⋯⋯⋯⋯⋯⋯⋯⋯⋯⋯⋯⋯

（續）

情緒反應		(3) 自我反問：反駁自己的思想陷阱
	....	
	....	建立正向思維：新觀點、新角度
	....	
	....	
	....	
行為反應		(4) 分散注意力：小行動
	....	
	....	
		(5) 聰明卡：人生雋語
	....	
	....	
	....	

九　行動起來，鬆一鬆！

又到「鬆一鬆！行動表」這個環節，在這個星期，您打算去尋找或尋回哪些能讓自己放鬆的事情呢？快完成以下練習吧！

鬆一鬆！行動表

在未來一星期內，您打算完成哪一項能夠放鬆心情的行動呢？

活動：	
日期：	時間：

預祝您的行動成功！

十　小結

- 理想生活並不一定等於均衡生活，當您身體不斷發出訊號表示您處於過度壓力時，請調整您的生活模式。

- 要擁有優質的生活，必須有均衡的生活，而均衡生活是一種投資，需要您調整生活中的優先順序，並在生活各層面中保持均衡的比重。

- 要重建新生活模式，必須要學習為自己訂立長期目標及短期實踐計劃，而自我獎勵是推動個人達成目標的一個好方法。

十一　補充資料

什麼叫做平衡的生活？

現代人的生活非常緊張，每天都要面對種種的生活壓力。這些壓力可能來自家庭、工作、社會責任及朋友等。無論壓力的來源是什麼，我們必須花上時間和精力去面對這些情況。但在不斷虛耗個人的精力時，現代人卻騰不出時間靜下來休息，讓身體得到充分的調適。一般而言，香港人的生活模式有以下的特點：

(1) 每天都會花上頗長的時間在工作上；

(2) 睡眠不足；

(3) 缺乏運動；

(4) 不大注重良好的飲食習慣；及

(5) 沒有定期的餘暇活動。

從壓力論的觀點來看，身體長期處於緊張的狀態，便會影響個人的情緒及身體。因此，我們必須學習建立一個平衡的生活方式，好讓我們的身體在日常生活中得到適當的調適。以下提供了一些怎樣平衡生活的方法，以作參考。

▎定時運動

研究顯示，定時的運動有助改善身心健康。例如，活躍及體格健康的人，在遇到困難時，比不活躍的人較少感受壓力。另外，定時運動可

減少壓力、焦慮及憂鬱的症狀 (Paterson et al., 1996)。一般而言，每星期運動三次，每次二十分鐘，便可令身體達到及格的健康水平。但在決定選擇哪一項運動時，我們必須先接受體格檢查，並與有關人士商討後再作出決定。同時，集體運動比個人運動更能令自己持續下去，這是因為集體運動本身亦是一種社交活動。

▌充足睡眠

壓力和焦慮感都會影響睡眠，而睡眠不足反過來亦會加深個人的焦慮情緒。因此，我們必須保持充足的睡眠。最常出現的睡眠問題有以下兩種：(1) 難以入睡及(2) 經常在睡夢中醒來，並無法再次入睡。以下是有關怎樣解決睡眠問題的方法，這包括：定下固定的睡眠及起床時間、營造一個適合睡眠的環境、避免在日間小睡和在入睡時使用深呼吸或注意力分散的方法。後面的方法是針對那些在睡眠時會經常出現不自主思想的人使用。

▌發掘自己的生活興趣

這是現代人的另一個問題。不少香港人終日埋頭苦幹地工作，整個人生及所有的時間都好像奉獻給工作似的。什麼個人興趣和娛樂都給拋諸腦後。但這樣一來，人的生活便會變得枯燥無味。同時，把精力過份的專注在某一項的事情上亦是不智的。一旦該項事情沒法給予個人滿足感或使那個人感到受挫時，他便找不到另一些途徑來舒緩或平衡這樣的負面情緒。因此，我們應該在工作之餘，發掘及發展自己的個人興趣，一方面可為生活帶來更多情趣，另一方面更可避免把精力過份專注在某一些的事情上。

▌建立良好的社交生活圈子

人類與生俱來便擁有一個群體性的本能。它不但可以保護個體的人身安全，免受動物或敵人的侵襲，同時，它亦可滿足個人的心理及社交需要。只可惜現代人的生活模式變得越來越個人化，人與人之間的關係因此變得疏離。一旦個人面對一些難於解決的生活壓力及問題時，我們便無法從狹窄的社交網絡中找到協助。當然，對不少焦慮者而言，社交

也是壓力的來源，但網絡越大，我們便會有更多機會得到正面的支持。因此，焦慮與不均衡的生活是互相影響。

香港是一個充滿壓力的城市，有工作的人要面對超時工作，甚至雖然個人能力增值，但卻遭減薪的壓力；沒找到工作的人，要面對經濟和自我價值的挑戰。為了讓自己生活過得好一點，讓自己抵抗逆境的能力好一點，請注意均衡生活的重要性。

第十單元

總結篇

本單元學習目標

本單元學習目標
(1) 回顧過去總結經驗；
(2) 延續學習實踐目標。

阿詩記事簿
與焦慮說聲再見

阿詩的舊同學Nancy發覺她老遠從加拿大返回香港，卻很難邀得阿詩出席同學聚會，就算那次她終於願意到酒店跟她見面，但她看來渾身不自在，甚至在冷氣間也不時拭汗，滿臉焦躁不安的樣子。作為舊同學兼摯友，Nancy早已知道阿詩身處人多的地方就很容易產生焦慮的情緒。但今次回港，發覺阿詩的問題更加嚴重，似乎已經影響到她的日常生活，所以她在回加拿大前送了一本有關改善焦慮情緒的自學／輔助手冊給她，希望下次返回香港時可以見到阿詩展現開朗的一面。

阿詩花了兩個多月的時間，每星期都按手冊上的指示完成該星期的練習。漸漸地，她明白到自己以前對焦慮情緒的種種誤解：總以為是某個生活情境引發自己產生焦慮，但其實往往只是自己某些思想陷阱和思想規條在作祟。

過程中，她學懂了五常法：當留意到身體發出警告訊號時，她會喚停自己的負面思想，從而反問自己剛才的想法是否過於偏激。跟着會到街上逛逛以分散注意力，有時亦會翻出自己最鍾愛的聰明卡「豈能盡如人意，但求無愧於心」來看，細味箇中真諦。熟習了以上幾個步驟之後，阿詩發覺果然能令自己多次避過跌入思想陷阱；她還學懂了運用一些心戰口訣去放寬自己的思想規條，讓自己本來焦躁的情緒得以平伏。

現時，阿詩遇上壓力時出現的焦慮感已漸漸減退，她為了進一步改善自己的生活質素，決定重拾往日的一些興趣，例如希望可以先做業餘的鋼琴老師教小朋友彈琴，然後再到音樂學校裡教授鋼琴。她也希望約會朋友，跟她們一起喝喝茶、逛逛街，務求使自己的生活可以均衡地發展，不會再讓自己整天呆在家中胡思亂想。阿詩立志要跟焦慮情緒說再見！

一 從回顧到重整

　　從過去的一段日子裡，我們以阿詩和阿健的故事為例，逐步瞭解焦慮情緒如何形成，加上每星期您所完成一篇課題練習，相信您對個人的行為和思維如何影響自己的焦慮亦加深了認識。

　　回顧前面各篇練習，我們花了不少篇幅闡明思想陷阱及思想規條如何影響大家，使您長時間在不同的生活處境下陷入焦慮的情緒中。因此，我們透過「五常法」去協助您走出思想陷阱，亦利用**心戰口訣**教您如何打破及擺脫思想規條的框架。

　　顧及未來生活的需求，我們從練習中嘗試協助您瞭解自己心中所冀盼的生活是什麼，從而鼓勵您為自己締造一套良好及均衡的生活方式。

　　到此，我們期望透過上述各單元的練習及方法，能使那些負面的思想和行為不再使您的生活過份焦慮。以下我們會回顧本手冊的學習範圍，希望能歸納出過去幾星期以來，您在各練習中所學到的一些重點：

　　(1) 先瞭解在過去一星期中，您的情緒指數是多少；

　　(2) 然後再分析自己情緒背後埋藏着的思想、行為和身體的變化；

　　(3) 繼而寫下您如何察覺它們怎樣影響您取得這個分數的原因；

　　(4) 跟着，寫下您幫助自己跳出思想陷阱的方法。

1.「情緒溫度計」與「身心思維自我分析表」

▌情緒溫度計

您的情緒指數是：（請圈出最恰當的分數，0分最差，10分最好。）

情緒 溫度計	0	1	2	3	4	5	6	7	8	9	10

在上一單元，您的情緒指數是＿＿＿＿＿＿分。

在本星期，您的情緒指數平均是＿＿＿＿＿＿分。

您做了些什麼使自己的分數較上星期高了些？＿＿＿＿＿＿＿＿＿＿＿

您在未來一星期可做些什麼來提升自己的分數？＿＿＿＿＿＿＿＿＿＿

▌身心思維自我分析

(1) 引發事件：＿＿＿＿＿＿＿＿＿＿＿＿＿＿＿＿＿＿＿＿＿＿＿＿

(2) 身體變化（警告訊號）：＿＿＿＿＿＿＿＿＿＿＿＿＿＿＿＿＿＿

(3) 當時的想法：＿＿＿＿＿＿＿＿＿＿＿＿＿＿＿＿＿＿＿＿＿＿＿

(4) 背後可能隱藏着什麼思想規條：＿＿＿＿＿＿＿＿＿＿＿＿＿＿＿

(5) 情緒反應：＿＿＿＿＿＿＿＿＿＿＿＿＿＿＿＿＿＿＿＿＿＿＿＿

(6) 行為反應：＿＿＿＿＿＿＿＿＿＿＿＿＿＿＿＿＿＿＿＿＿＿＿＿

2. 一周檢查

在未開始進入本單元練習前，我們先想問問您，在過去一星期有否完成一項讓自己**鬆一鬆**的活動呢？

行動內容：	
您**有**完成這項活動	您**沒有**完成這項活動
您的感覺如何？＿＿＿＿＿＿＿＿ ＿＿＿＿＿＿＿＿＿＿＿＿ 是否可短暫減低您的焦慮？ 是 / 否 原因：＿＿＿＿＿＿＿＿＿＿ ＿＿＿＿＿＿＿＿＿＿＿＿ ＿＿＿＿＿＿＿＿＿＿＿＿	沒有完成的原因：＿＿＿＿＿＿ ＿＿＿＿＿＿＿＿＿＿＿＿ ＿＿＿＿＿＿＿＿＿＿＿＿ ＿＿＿＿＿＿＿＿＿＿＿＿ ＿＿＿＿＿＿＿＿＿＿＿＿

3. 情緒警戒線

根據過去兩個多月內，您所記下的「情緒溫度計」分數，您是否覺得自己已經找到令您情緒失控的警戒線呢？請填寫出來。

您的情緒警戒線是：_____分

> 您是否還記得？所謂「情緒警戒線」就是指情緒失控的決口。當您察覺自己的情緒臨近這個決口時，您便要立即提醒自己去做一些令自己冷靜的事情（例如：飲水）或不要做一些破壞性的行為（例如：罵人）。

4. 思想陷阱

您是否知道自己出現最頻密的思想陷阱有哪幾種？請在下面填寫出不多於三種您慣常跌進的陷阱類型，依頻密次數排列，第(1)項為最慣常跌進的陷阱。

您最慣常跌進的思想陷阱：(1) _____

(2) _____

(3) _____

5. 五常法

請寫出在將要跌入這些陷阱的過程中，或已跌進這些陷阱之後，您會運用五常法中哪些方法提醒自己避免跌入或如何走出這些陷阱。

▌常留意身體警告訊號

您認為有效的方法：_____

_____

▌常喚停負面思想

您最慣常用的方法／提醒説話，助您暫停負面想法：_____

▌常自我反問

您經常用作反駁自己思想陷阱的反問句子：＿＿＿＿＿＿＿＿

▌常分散注意力

您通常做的小行動，助您擺脫負面思想：＿＿＿＿＿＿＿＿

▌常備聰明卡

您認為有哪些說話，確是人生的金石良言：＿＿＿＿＿＿＿＿

6. 思想規條

寫下您最常出現的思想規條，請填寫不多於三項並依頻密次序排列，第(1)項為最慣常出現的思想規條。此外，您覺得哪些**心戰口訣**可以有效地提醒自己去擺脫及放寬上述思想規條對自己的束縛。

您最常有的思想規條：(1)＿＿＿＿＿＿＿＿＿＿＿＿

(2)＿＿＿＿＿＿＿＿＿＿＿＿

(3)＿＿＿＿＿＿＿＿＿＿＿＿

您運用的心戰口訣有：(1)＿＿＿＿＿＿＿＿＿＿＿＿

(2)＿＿＿＿＿＿＿＿＿＿＿＿

(3)＿＿＿＿＿＿＿＿＿＿＿＿

7. 均衡生活

在過去的一段時間裡，您是否已找到一項在未來的日子裡自己希望經常參與，而又可以讓自己過均衡生活的事情呢？例如：約見舊朋友、

參加興趣班等。

　　您是否已經找到：是 / 否

　　若是，那是什麼：＿＿＿＿＿＿＿＿＿＿＿＿＿＿＿＿＿＿＿

　　您參與的頻密程度：＿＿＿＿＿＿＿＿＿＿＿＿＿＿＿＿＿＿＿

　　我們在上一單元中做過「均衡生活『大拍賣』」的自省練習，在這裡，我們想知道：您是否確知在生活中加上哪些項目 / 活動，可以令自己的生活比以前較為均衡？再者，您未來的生活目標是什麼呢？例如：在未來三個月 / 半年的目標是什麼？您可以在下面寫下來。

- 培養均衡生活的項目 / 活動：＿＿＿＿＿＿＿＿＿＿＿＿＿＿
- 未來三個月的生活目標：＿＿＿＿＿＿＿＿＿＿＿＿＿＿＿＿
- 未來六個月的生活目標：＿＿＿＿＿＿＿＿＿＿＿＿＿＿＿＿

二　建議和忠告

　　在您重整所學所得的同時，我們希望為本手冊歸納出一些要點，並附上我們真誠的忠告：

- 在剛過去的日子裡，因為您積極地完成了上述練習，您對自己的思想陷阱和思想規條可能已有了一定認識，亦對自己的生活方式多了一些掌握和理解。您可能也找到一套奏效的方法，讓自己在跌進思想陷阱前可以及時警覺及逃離；而且熟讀心戰口訣，隨時為自己修正不合理的思想規條；甚至重新編排，為自己締造出均衡的生活方式。

- 但我們誠心希望提醒大家一點：**要多給自己時間去熟習您所學到的技巧，並持續運用在日常的生活上。**所有您在本書學過的認知行為技巧，都需要時間和恆心去鍛煉，並非一兩個月就可以完全熟習並掌握得到。

- 您要接受一個事實，就是在學習的過程中，**自己的情況有時免不了會忽然向後倒退**，您可能會再次墮入陷阱，甚至可能又被自己的思想規條所緊綁，這些都是極有可能會出現的情況；但不要緊，**只要您的練習做得越多，方法的運用便越趨熟練**，再次跌進思想陷阱的機會便越

少，建立起均衡生活習慣的機會便越大。

• 我們的人生千變萬化，有時當您克服了以往一直讓您焦慮的生活處境時，又可能會有新的焦慮情況出現。但不要怕，您只需視它們為自己一生中的挑戰，繼續以本書學過的認知技巧面對它們，漸漸您會知道，遇上生活壓力而產生焦慮是人生的平常事，只需要以平常心去面對。

• 另外請緊記，當您成功克服焦慮之後，多點去**獎勵自己**。獎勵自己是愛惜自己的表現，這會加強您銳意改變自己的動機和勇氣。

• 此外，在練習過程無論遇上成功還是失敗，別忘記找您的守護天使傾訴和分享！

習慣是需要時間去建立的，所以緊記多給自己機會和時間，更不要忘記要寬待自己，所謂「欲速則不達」，不要迫使自己以最短的時間去達到最好的成果。

三　從轉變到轉機

在本手冊的第二單元，您已經填寫過「貝克焦慮量表」或「賴布維茲社交焦慮量表」，現在請您再次填寫**同一個量表**，目的在於比較先後兩者的分別：希望從中給您一個反思的機會，讓您細嚼過去幾星期裡，自己心理歷程的轉變，以及得分有所差別的原因。

1. 貝克焦慮量表

下面是焦慮的一般症狀，請小心細看每一個項目，然後揀選出過去一星期（包括今天），您覺得受到該症狀的困擾程度，並圈出該數字。

	完全沒有困擾	輕度困擾（對我沒有多大困擾）	中度困擾（令我很不舒服但還可以忍受）	嚴重困擾（我幾乎不能忍受）
(1) 身體麻木或刺痛感	0	1	2	3
(2) 身體發熱	0	1	2	3
(3) 雙腳站不穩	0	1	2	3
(4) 不能放鬆	0	1	2	3
(5) 害怕最壞的事會發生	0	1	2	3
(6) 頭昏眼花 / 昏眩	0	1	2	3
(7) 心跳很大聲或太快	0	1	2	3
(8) 心神不定	0	1	2	3
(9) 害怕及擔心	0	1	2	3
(10) 神經質	0	1	2	3
(11) 窒息的感覺	0	1	2	3
(12) 手震	0	1	2	3
(13) 身體搖晃顫抖	0	1	2	3
(14) 害怕失去控制	0	1	2	3
(15) 呼吸困難	0	1	2	3
(16) 害怕即將死亡	0	1	2	3
(17) 恐懼	0	1	2	3
(18) 消化不良或肚子不舒服	0	1	2	3
(19) 暈倒或昏厥	0	1	2	3
(20) 面紅	0	1	2	3
(21) 流汗（不是因為天熱）	0	1	2	3

計分方法

請將 1-21題，每題所圈出的數字全部加起來，所得的數值便是您的得分。（有關詳細計分方法，以及分數所代表的焦慮程度，請參看第二單元的有關部分）

⇨ **上次所得分數：**＿＿＿＿＿＿＿＿＿＿＿＿＿

⇨ **今次所得分數：**＿＿＿＿＿＿＿＿＿＿＿＿＿

做了上述的練習，請追問自己一個問題：

您的焦慮有沒有改變？□ 有 / □ 沒有

原因：＿＿＿＿＿＿＿＿＿＿＿＿＿＿＿＿＿＿＿＿
＿＿＿＿＿＿＿＿＿＿＿＿＿＿＿＿＿＿＿＿＿＿＿

2. 賴布維茲社交焦慮量表

下表列出生活中常見的24種處境。請就每個處境回答兩個問題：

(1) 第一個問題問及您身處該情境時的焦慮程度（以 0 至 3 表示，數字越大則越焦慮）：

0：完全不感到焦慮

1：感到有點焦慮

2：感到頗為焦慮

3：感到非常焦慮

(2) 第二個問題問及您迴避該情境的頻密程度（以 0 至 3 表示，數字越大則迴避行為越頻密）：

0：從不會迴避

1：很少迴避

2：間中 / 有時迴避

3：經常迴避

　　請根據您過去一個星期的經驗作答。如果以下一些處境您很少會碰見，您可以假設自己在該處境中可能會有的反應。

日常生活可能會面對的處境	對於這處境，您的**焦慮**程度？	對於這處境，您**迴避**的頻密程度？
(1)　在公眾地方通電話		
(2)　參與小組討論		
(3)　在公眾地方進食		
(4)　與別人一起在公眾地方進飲（包括酒精類）		
(5)　跟權威人士（如上司、老師等等）交談		
(6)　在一群觀眾面前表演或演講		
(7)　參加派對／朋友聚會		
(8)　在他人的視察下工作		
(9)　在他人的視察下書寫		
(10)　叫喚／致電一個您不太熟悉的人		
(11)　跟一個您不太熟悉的人交談		
(12)　與陌生人見面		
(13)　在公共洗手間小便		
(14)　走進一個其他人已安坐好的房間		
(15)　成為眾人注意的中心人物		
(16)　在會議中大聲發言		
(17)　參加測試／測驗		
(18)　向一位您不太熟悉的人表達恰當的反對或不贊同的意見		
(19)　望向一位您不太熟悉人士的眼睛		
(20)　向一組人報告／滙報		

（續）

（21）　嘗試結識某陌生人		
（22）　向商舖退貨		
（23）　舉行派對 / 朋友聚會		
（24）　堅持拒絕一位強行推銷的推銷員		

計分方法

將您填寫過的得分全部加起來，看看您的總分有多少。（有關詳細計分方法，以及分數所代表的焦慮程度，請參看第二單元的有關部分）

⇨ **上次所得分數：**＿＿＿＿＿＿＿＿＿＿＿＿＿＿

⇨ **今次所得分數：**＿＿＿＿＿＿＿＿＿＿＿＿＿＿

做了上述的練習，請追問自己一個問題：

您的社交焦慮有沒有改變？□ 有 / □ 沒有

原因：＿＿＿＿＿＿＿＿＿＿＿＿＿＿＿＿＿＿＿＿＿＿

＿＿＿＿＿＿＿＿＿＿＿＿＿＿＿＿＿＿＿＿＿＿

• 無論您的焦慮感已有明顯的改善，抑或只有些微的改進，同樣值得向您恭賀，因為確實有了改變的地方。

• 不過，無論您的改變有多少，您都需要持之以恆，繼續實踐「五常法」、「心戰口訣」、「均衡生活」等訓練。

• 但如果您的焦慮感沒有任何改變，甚或變得更糟，那您除了使用本自學手冊外，我們懇請您去尋求一些專業的輔導服務，甚至可能需要接受一段時期的藥物治療。若自學的形式不適合您，轉換另一種輔導或治療的方式，對您可能更加適合，而這亦是一個認識自己、改變自己的轉機 ── 任何可以協助您改善焦慮情緒的方法，我們都非常支持。

四　正視焦慮，再接再厲！

▎再來一次

若您在身處某種生活情境下仍感到相當焦慮，但情況又不至於太壞的話，您大可從頭來過，再一次細閱本手冊及填寫各項練習，試看今次能否加深您對這些練習的認識和運用，從而達到改善情緒的目的。

▎守護天使

還有，別忘記去跟您的「守護天使」談談，聽取他／她對您在這個多月的轉變有何意見，所謂：旁觀者清。

▎網上續緣

在這裡給大家一個網址，當您閱畢或完成整本手冊的練習之後，您有任何感想或意見，歡迎隨時登入以下這個網址：http://ccbt. sw. hku. hk/，將您的感想／意見告訴我們，我們冀望在未來的日子能聆聽到您的意見或收到您提供的資料。再者，在我們的網頁上，您可以隨時瀏覽是否有適合您的課程或活動可以參加。

最後，誠心祝願您能夠：跨過焦慮的瀚海，活出生命新一章！

參考文獻

Baker, S. L., Heinrichs, N., Kim, H. J., & Hofmann, S. G. (2002). The Liebowitz Social Anxiety Scale as a self-report instrument: A preliminary psychometric analysis. *Behaviour Research and Therapy, 40*, 701-715.

Beck, A. T. & Clark, D. A. (1997). An information processing model of anxiety: Automatic and strategic processes. *Behavior Research and Therapy, 35*, 1, 49-58.

Beck, J. (1995). *Cognitive therapy: Basic and beyond*. New York: Guilford Press.

Cormier, L. S. & Hackney, H. (1987). *The professional counselor: A process guide to helping*. Englewood Cliffs, NJ: Prentice Hall.

Freeman, A., Pretzer, J., Fleming, B., & Simon, K. M. (2004). *Clinical applications of cognitive therapy*. New York: Kluwer Academic.

Heimberg, R. G., Salzman, D. G., Holt, C. S. & Blendell, K. A. (1993). Cognitive-behavioral group treatment for social anxiety: Effectiveness at five-year follopwup. *Cogntive Therapy and research, 17*, 4, 325-339.

Hope, D. A., Heimberg, R. G., Juster, H. R., & Turk, C. L. (2000). *Managing social anxiety: A cognitive-behavioral therapy approach*. New York: TherapyWorks.

Lee, J. Y., & Choy, C. H. (1997). The effects of the cognitive-behavioral and exposure therapy for social anxiety. *Korean Journal of Counseling and Psychotherapy, 9*, 35-56.

Liebowitz, M. R. (1987). Social anxiety. *Modern Problems of Pharmacopsychiatry, 22*, 141-173.

Lin, Y. N. (2001). The application of cognitive-behavioral therapy to counseling Chinese. *American Journal of Psychotherapy, 55*(4), 46-58.

Lo, H. T. & Lau, Godwin (1997). Anxiety disorders of Chinese patients. In E. Lee (Ed.), *Working with Asian Americans: A guide for clinicians* (pp. 309-322). New York: The Guildford Press.

Wong, D. F. K., Sun, S. Y. K., Tse, J., & Wong, F. (2002). Evaluating the outcomes of a cognitive-behavioral group intervention model for persons at risk of developing mental health problems in Hong Kong: A pretest-posttest study. *Research on Social Work Practice, 12*, 534-545.

Wong, F. K. D. (in press). Cognitive behavioral treatment groups for people with chronic depression: A randomized waitlist control design. *Depression and Anxiety*, USA.

Wong, F. K. D. & Sun, S.Y.K. (in press). A preliminary study of the efficacy of cognitive-behavioral therapy group for people with social anxiety in Hong Kong. *Hong Kong Journal of Psychiatry*, Hong Kong.

Wong, F. K. D., Chau, P., Kwok, A. &, Kwan, J. (in press). Cognitive-bebavioral treatment group for people with chronic illnesses in Hong Kong: Reflections on culturally sensitive practices. *International Journal of Group Psychotherapy*, USA.

黃富強 / 孫玉傑 (2003)。《情緒管理與精神健康：認知治療小組介入手法與技巧》。香港：香港大學出版社。

黃富強主編 (2005)。《走出抑鬱的深谷：認知治療自學 / 輔助手冊》。香港：天健出版社。

黃富強 (2006)。(黃富強 / 喻慧敏譯) 《精神病臨床個案管理：致病性‧壓力模式》。香港：中文大學出版社。